25일 완성 헬라어 정복

이두희
지음

문예림

25일 완성 헬라어 정복

초판 1쇄 인쇄 2020년 11월 4일
초판 1쇄 발행 2020년 11월 13일

지은이 이두희
펴낸이 서덕일
펴낸곳 도서출판 문예림

출판등록 1962.7.12 (제406-1962-1호)
주소 경기도 파주시 회동길 366 3층 (10881)
전화 (02)499-1281~2 **팩스** (02)499-1283
대표전자우편 info@moonyelim.com **통합홈페이지** www.moonyelim.com
카카오톡 ("도서출판 문예림" 검색 후 추가)

디지털노마드의 시대, 문예림은 Remote work(원격근무)를 시행하고 있습니다.
우리는 세계 곳곳에 있는 집필진과 원하는 장소와 시간에 자유롭게 일합니다.
문의 사항은 카카오톡 또는 이메일로 말씀해주시면 답변드리겠습니다.

ISBN 978-89-7482-917-9(03230)

머리말

하나님의 말씀인 성경을 원문으로 읽는 일은 모든 그리스도인의 꿈일 것입니다. 그래서인지 요즘은 신학생들과 목회자들 뿐 아니라 일반 성도들 가운데서도 성경의 원어인 헬라어를 공부하는 이들이 늘고 있습니다. 하지만 실제로 헬라어를 익혀 성경을 읽는 일은 그리 쉽지 않습니다. 의욕을 가지고 문법 공부를 시작하지만 끝마치기가 만만치 않기 때문입니다. 모든 어학이 그렇겠지만, 헬라어의 경우에도 익숙해지기까지는 상당한 정도의 시간이 필요한데, 꾸준히 시간을 투자하기가 쉽지 않은 까닭입니다. 이런 형편을 생각하여 펴낸 책이 이 문법책입니다. 모든 문법 사항을 완벽하게 익히지는 못하더라도, 신약성경을 펼쳐서 원어로 읽는 일을 시작할 수 있도록 용기를 북돋우는 것에 이 책의 일차 목적이 있습니다. 더 알아야 할 문법 사항들이 많이 있겠지만, 이 책에서는 우선 꼭 필요한 문법 사항들을 소개하고 익히도록 하는 일에 중점을 두었습니다. 그래서 단기간에 집중해서 이 책을 공부한 뒤에는 당장 헬라어로 된 신약성경을 펼쳐볼 용기가 생기도록 노력을 기울였습니다. 한 구절 한 구절 원문 읽는 맛을 알아가면서, 부족한 부분이 느껴질 때에는 원문의 더 깊은 세계로 나아가기 위해 중급, 고급 단계의 문법을 공부하면 될 것입니다.

이 책은 신학교의 기초 헬라어 교재로 쓰일 것도 고려하여 준비했습니다. 여러 신학교와 대학에서 고전어를 가르치면서 필자가 늘 느꼈던 아쉬움은 시간의 부족이었습니다. 필자가 주로 사용했던 교재는, 내용면에서는 참 좋았지만 학교에서 허락해 준 시간 안에 다 가르치기에는 버거웠습니다. 가르칠 내용은 많은데, 학생들은 주어진 시간 안에 그 내용을 잘 따라오지 못했습니다. 그래서 늘 바라던 일 가운데 하나, 한 학기 동안에 헬라어의 필수 내용만을 담아 가르칠 수 있는 맞춤형 교재를 준비하는 것이었습니다. 그런 교재를 찾기란 쉽지 않기 때문입니다. 이제야 이 책을 통해서, 오랫동안 헬라어를 가르치면서 현장의 필요라고 느꼈던 숙제를 마침내 끝마치게 되었습니다. 밀린 숙제를 끝마치고 나니 조금은 홀가분한 기분입니다.

제가 헬라어를 가르쳐 본 경험에 따르면, 아무리 단기간에 핵심만 공부한다고 해도 여전히 힘든 고비가 있기 마련입니다. 그 고비를 넘기 위해서는 학습에 대한 성취감과, 목표점을 향해 나아가고 있다는 희망과 기대가 중요합니다. 그래서 이 책에서는 두 가지에 특별한 관심을 기울였습니다. 하나는, 문법 설명 뒤에 확인문제를 실어 둔 것입니다. 문법 내용을 공부한 뒤에는 곧바로 스스로 점검해 보도록 하려는 것입니다. 그리 어렵지 않은 문제들을 풀면서 학습에 대한 성취감을 느껴볼 수 있을 것입니다. 또 하나는, 헬라어 문장 예문은 대부분 실제 신약성경 원문에서 가져온 것입니다. 해당 문법을 공부한 다음에 그 문법을 활용해서 실제 신약성경의 일부 구절을 해석해 보면서, 신약성경 원전을 읽을 수 있겠다는 희망을 계속 키워갈 수 있도록 했습니다. 이런저런 부족한 부분이 여전히 남아 있겠지만, 아무쪼록 이 책이 헬라어를 익혀 신약성경을 원문으로 읽어보기를 열망하는 여러 독자들에게 조금이나마 도움이 되기를 바라는 마음 간절합니다.

끝으로, 도움을 주신 분들에게 감사의 마음을 전하고 싶습니다. 오랜 숙제로 남아 있던 일을 끝마칠 수 있도록, 필자에게 집필을 제안하고 독려해 주신 문예림의 서덕일 사장님께 진심으로 감사드립니다. 또 초고를 편집하고 최종 형태로 새롭게 만들어 주신 직원들에게도 감사드립니다. 늘 힘이 되어 주는 가족들에게도 고마운 마음을 전합니다. 하나님께 모든 영광과 감사를 드립니다. Soli Deo Gloria!

2020년 11월

이두희

차례

부록

01

헬라어 읽고 쓰기: 알파벳, 읽기, 악센트

A	α	알파	ㅏ, a	1
B	β	베타	ㅂ, b	2
Γ	γ	감마	ㄱ, g	3
Δ	δ	델타	ㄷ, d	4
E	ε	엡실론	ㅔ(짧은 모음), e	5
Z	ζ	제타	ㅈ, z	7
H	η	에타	ㅔ(긴 모음), ē	8
Θ	θ	쎄타	ㅆ (th)	9
I	ι	이오타	ㅣ, i	10
K	κ	카파	ㅋ, k	20
Λ	λ	람다	ㄹ, l	30
M	μ	뮈	ㅁ, m	40
N	ν	뉘	ㄴ, n	50
X	ξ	크시	ㅋㅅ, ks	60
O	ο	오미크론	ㅗ, o	70
Π	π	피	ㅍ, p	80
P	ρ	로	ㄹ, r	100
Σ	σ, ς	시그마	ㅅ, s	200
T	τ	타우	ㅌ, t	300
Υ	υ	윕실론	ㅟ, y/u	400
Φ	φ	피	ㅍ, ph/f	500
X	χ	키	ㅋ, ch	600
Ψ	ψ	프시	ㅍㅅ, ps	700
Ω	ω	오메가	ㅗ(긴 모음), ō	800

1. 헬레니즘 시대 헬라어 알파벳은 24개이다. 보통은 헬레니즘 시대 헬라어 문헌들이 소문자로 적혀 있기 때문에, 먼저는 소문자를 잘 익혀 두는 것이 중요하다.

2. 소리 값은 우리말로 표기하는 방법과 영어로 표기하는 방법을 함께 알아 두면 유익하다. 가끔씩 헬라어로는 서로 다른 글자들이 우리말로 음역될 때 구분하기 어려운 경우들이 있기 때문이다.

3. 앞의 표에서 헬라어 소문자 '시그마'는 적는 방법이 두 가지이다. σ는 낱말의 첫머리나 중간에 올 때 쓰이고, ς는 낱말의 끝에 올 때 쓰인다.

(보기   σῶμα, κόσμος, λόγος)

4. 읽기 연습

σῶμα	sōma	소마	몸 (body)
κόσμος	kosmos	코스모스	우주, 세계
λόγος	logos	로고스	말씀
θεός	theos	쎄오스	하나님, 신
φῶς	phōs	포스	빛
λάλεω	lalleō	랄레오	말하다

※ 주의: λάλεω의 경우에 두 번째 '람다'의 발음에 유의할 필요가 있다. '람다'가 단어의 첫 자리가 아니라 중간에 나오고, 모음 사이에 올 때는 '람다'가 두 개인 것처럼 발음하는 것이 보통이다. 그래서 λάλεω는 '라레오'가 아니라 '랄레오'로 발음해야 한다.

5. 연한 숨표(')와 거친 숨표(')의 발음

① 헬라어 표기법에서는 낱말이 모음으로 시작될 때 그 첫 번째 모음 위에 숨표가 붙는다. 이런 숨표에는 두 가지 있는데, 하나는 연한 숨표이고 다른 하나는 거친 숨표이다. 연한 숨표는 모음 위에 닫는 홑 따옴표(')로 표시한다. 거친 숨표는 모음 위에 여는 홑 따옴표(')로 표시한다.

② 연한 숨표는 발음에 아무런 영향을 주지 않는다. 그러나 거친 숨표가 붙어 있는 경우에는 낱말의 앞에 'h(ㅎ)'이 들어가 있는 듯 발음해야 한다.

③ 첫 모음이 대문자일 때는 그 앞에 숨표를 붙인다. (예 Ἰησοῦς, 예수님)

ἀγάπη	agapē	아가페	사랑
ἄρτος	artos	아르토스	빵, 떡
ἅγιος	hagios	기오스	거룩한

6. 이중 모음의 발음

αι, ει, οι의 경우, 두 소리를 차례대로 읽어주면 된다.

ἔπαινος	e p a i n o s	에파이노스	칭찬
εἰρήνη	e i r ē n ē	에이레네	평화
ἀδελφοί	a d e l p h o i	아델포이	형제들

※ 이중 모음이 낱말의 첫 머리에 올 때, 숨표를 뒤에 오는 모음 위에 붙여준다. 위의 '에이레네'가 그런 경우에 해당한다.

αυ, ευ, ου의 경우는 조금 주의할 필요가 있다.
① αυ의 경우는, au(아우) 로 읽는다.
② ευ의 경우는, eu(에우)로 읽는다. 영어권에서는 '유'로 발음하기도 한다.
③ ου의 경우는, ou(우)로 읽는다. 긴 소리이므로 조금 길게 발음해야 한다.

αὐγή	au g ē	아우게	빛, 광선
εὐαγγέλιον	eu a n g g e l i o n	에우앙겔리온/유앙겔리온	복음, 좋은 소식
οὐρανός	ou r a n o s	우라노스	하늘

④ 위의 표 두 번째 단어에서 주의해야 할 한 가지를 일러둔다. γ(감마)의 경우, 또 다른 γ(감마)나 κ(카파)나 ξ(크시)나 χ(키) 앞에 올 때는 'ㄱ(g)'로 발음되지 않고 '응(ng)' 소리가 난다. 그래서 εὐαγγέλιον은 '에우악겔리온'이 아니라 '에우앙겔리온'으로 발음해야 한다. ἄγγελος의 경우도 마찬가지이다. '악겔로스'가 아니라 '앙겔로스'로 발음해야 한다.

7.

위의 **6. ❶**에서 이중 모음이 낱말의 첫 머리에 올 때는, 뒤에 오는 모음 위에 숨표를 붙이는 것이 원칙이라고 설명했다. 그런데 주의해야 할 경우가 있다. 이중 모음은 '열린 모음(a, e, o)'이 앞에 오고 '닫힌 모음(i, u)'이 뒤에 오는 경우를 말한다. 닫힌 모음이 먼저 오고 열린 모음이 뒤따라오는 경우는 이중 모음으로 보지 않는다. 따라서 그런 경우에는 첫 번째 모음 위에 숨표를 붙여야 한다.

ἱερόν	i e r o n	에론	성전, 사찰 (temple)

8. 헬라어의 악센트

① 헬라어의 악센트에는 세 종류가 있다. 애큐트 악센트(´)와 써컴플렉스 악센트 (~) 와 그레이브 악센트 (`)이다.

② 위의 발음 연습에서 나온 단어들 위에 애큐트 악센트와 써컴플렉스 악센트가 붙어 있 는 경우(κόσμος, λόγος, σῶμα, φῶς)는 이미 보았다.

③ 그레이브 악센트는 낱말이 혼자서 쓰일 때는 나타나지 않는다. 어떤 낱말이 다른 낱말 과 이어서 나올 때, 앞에 나온 낱말의 마지막 음절에 붙어 있던 애큐트 악센트가 그레 이브 악센트로 바뀌는 경우들에 나타난다. 이런 현상은 앞에 나온 낱말이 뒤에 나온 낱말과 가까운 관계에 있음을 나타내려고 할 때 일어난다.

예 ὁ θεὸς ἀγάπη ἐστίν.
호 쎄오스 아가페   에스틴

위의 보기에서 θεός는 본디 애큐트 악센트를 가진 낱말이다. 그런데 ἀγάπη 앞에 놓여 서 서로 밀접한 관계를 가지게 되었고, 위의 보기에서처럼 그레이브 악센트를 가지게 된 것이다.

④ 헬라어에서 악센트는 아무 곳에나 붙을 수 없다. 낱말의 끝음절(얼티마), 끝음절의 바 로 앞 음절(피널트), 끝음절 앞의 앞 음절(안티피널트)에만 붙을 수 있다.

앤티피널트 (antipenult)	피널트 (penult)	얼티마 (ultima)

예 ἀγάπη의 경우, η는 끝음절(ultima), 가운데 들어 있는 α는 끝음절 바로 앞 음절 (penult), 맨 앞의 α는 끝음절 앞의 앞 음절(antipenult)에 해당한다.

⑤ 악센트의 차이가 낱말 뜻의 차이를 가져오는 경우에는 특별히 주의해야 한다. 예를 들면, ἀλλά는 '그러나'를 뜻하는 접속사인데, ἄλλα는 '다른'을 뜻하는 형용사이다. 이렇게 주의가 필요한 경우를 제외하면, 초급 단계에서는 악센트를 일일이 기억하지 못해도 뜻을 이해하는 데 대부분 아무런 문제가 없다. 따라서 이제 갓 첫걸음을 떼며 공부하시는 분들을 위한 이 책에서는 더 자세한 악센트 규칙은 다루지 않을 것이다. 그러나 주의가 필요한 경우에는 악센트에 주목하도록 안내할 것이다. 때때로 기억해 두면 좋을 악센트 규칙은 필요할 때 소개하겠지만, 그 부분이 버겁다고 생각되는 분 들은 처음 공부할 때는 그냥 읽고 넘어가고 조금 익숙해진 다음에 다시 살펴보아도 문제없다.

1. 다음 헬라어 단어의 우리말 소리 값을 적어 보시오.
θεοῦ ( )

2. 다음 헬라어 단어의 우리말 소리 값을 적어 보시오.
μυστήριον ( )

3. 다음 헬라어 단어의 우리말 소리 값을 적어 보시오.
εὐαγγέλιον ( )

4. 다음 헬라어 단어의 우리말 소리 값을 적어 보시오.
ἱερόν ( )

5. 다음 헬라어 단어의 우리말 소리 값을 적어 보시오.
εἰρήνη ( )

6. 다음 헬라어 단어의 우리말 소리 값을 적어 보시오.
λάλεω ( )

정답 | **1.** 쎄우 **2.** 뮈스테리온 **3.** 에우앙겔리온/유앙겔리온 **4.** 히에론 **5.** 에이레네 **6.** 랄레오

1) 아래의 헬라어 문장을 읽어 보시오. (요1서 4:7-8)

' Αγαπετοί, ἀγαπῶμεν ἀλλήλους,

ὅτι ἡ ἀγάπη ἐκ τοῦ θεοῦ ἐστιν,

καὶ πᾶς ὁ ἀγαπῶν ἐκ τοῦ θεοῦ γεγέννηται

καὶ γινώσκει τὸν θεόν.

ὁ μὴ ἀγαπῶν οὐκ ἔγνων τὸν θεόν,

ὅτι ὁ θεὸς ἀγάπη ἐστίν.

2) 아래의 헬라어 문장을 읽어 보시오. (주기도문, 마 6:9-10)

οὕτως οὖν προσεύχεσθε ὑμεῖς·

Πάτερ ἡμῶν ὁ ἐν τοῖς οὐρανοῖς·

ἁγιασθήτω τὸ ὄνομα σου·

ἐλθέτω ἡ βασιλεία σου·

γενηθήτω τὸ θέλημά σου·

ὡς ἐν οὐρανῷ καὶ ἐπὶ γῆς·

02

μάθημα

관사와 1, 2변화 명사

1. 꼭 알아 두어야 할 기본적인 문법 사항

① 관사와 명사에는 성(gender), 수(number), 격(case)의 구분이 있다.

② 관사와 명사의 성은 남성(masculine), 여성(feminine), 중성(neuter)으로 나뉜다.

③ 관사와 명사의 수는 단수(singular), 복수(plural), 쌍수(dual)로 나뉜다. 쌍수는 매우 드물게 사용되므로 지금으로서는 단수와 복수를 잘 구분할 수 있으면 충분하다.

④ 명사의 격은 주격(nominative), 속격(genitive), 여격(dative), 대격(accusative), 호격(vocative)으로 나뉜다. 관사도 명사와 마찬가지로 격이 변하는데, 호격은 없다.

2. 관사의 변화형

	남성 단수	여성 단수	중성 단수
주격	ὁ	ἡ	τό
속격	τοῦ	τῆς	τοῦ
여격	τῷ	τῇ	τῷ
대격	τόν	τήν	τό
주격	οἱ	αἱ	τά
속격	τῶν	τῶν	τῶν
여격	τοῖς	ταῖς	τοῖς
대격	τούς	τάς	τά

※ 관사는 신약성경에서 가장 자주 사용되는 단어이다. (19,870회) 두 번째로 자주 사용되는 단어는 '그리고'를 뜻하는 καί 인데 9153회 사용되고 있다고 한다. 관사를 잘 익히는 것이 얼마나 중요한지 통계가 말해준다!

3. 1변화 명사의 변화형

주격	ἡμέρα	ἡμέραι	γραφή	γραφαί	δόξα	δόξαι
속격	ἡμέρας	ἡμερῶν	γραφῆς	γραφῶν	δόξης	δόξῶν
여격	ἡμέρᾳ	ἡμέραις	γραφῇ	γραφαῖς	δόξῃ	δόξαις
대격	ἡμέραν	ἡμέρας	γραφήν	γραφάς	δόξαν	δόξας
호격	ἡμέρα	ἡμέραι	γραφή	γραφαί	δόξα	δόξαι

※ ἡμέρα의 사용빈도는 389회로 1변화 명사 가운데 가장 자주 쓰이고 있다.
δόξα의 사용빈도는 166회이다.

❶ 1변화 명사에는 3가지 유형이 있다. 위의 표에서 볼 수 있는 것처럼,
① -α 형, ② -η 형, ③ 복합형으로 나뉜다.

❷ 세 번째 유형은 마지막 철자가 -α로 끝나지만, 그 앞에 오는 철자가 -ε-, -ι-, -ρ-가 아닌 경우를 가리킨다. 위의 표에서 δόξ를 보면, α 앞에 ξ가 쓰이고 있다.

❸ 이런 1변화 명사들의 문법적 성은 모두 여성이다.

4. 1변화 명사의 다른 보기들

ἡ ἀγάπη	사랑	ἡ ζωή	생명
ἡ ἀληθεία	진리	ἡ δόξα	영광
ἡ ἀδικία	불의	ἡ γραφή	글, 문서
ἡ ἁμαρτία	죄	ἡ δικαιοσύνη	의로움, 의
ἡ ἀνομία	불법	ἡ ἡμέρα	날, 낮(day)
ἡ βασιλεία	나라, 왕국	ἡ συναγωγή	회당

5. 2변화 명사의 변화형

주격	ἄνθρωπος	ἄνθρωπος	ἔργον	ἔργον
속격	ἀνθρώπου	ἀνθρώπου	ἔργου	ἔργου
여격	ἀνθρώπῳ	ἀνθρώπῳ	ἔργῳ	ἔργῳ
대격	ἄνθρωπον	ἀνθρώπους	ἔργον	ἔργα
호격	ἄνθρωπε	ἀνθρώπους	ἔργον	ἔργα

❶ -ος로 끝나는 명사 대부분과 -ον으로 끝나는 명사는 2변화 명사에 속한다.

❷ -ος로 끝나는 명사는 대부분 남성이고, -ον으로 끝나는 명사는 중성이다.

6. 2변화 명사의 다른 보기들

ὁ θεός	하나님, 신	ὁ οἶκος	집
ὁ ἄνθρωπος	사람, 인간	ὁ κόσμος	세상, 우주
ὁ υἱός	아들, 자손	ὁ ἀπόστολος	사도
ὁ κύριος	주님	τὸ εὐαγγέλιον	복음, 좋은 소식
ὁ δοῦλος	종, 노예	ὁ λόγος	말씀, 말
τό θηρίον	동물, 짐승	ἡ ὁδός	길
τὸ μυστήριον	비밀, 신비	ἡ ἔρημος	광야, 외진 곳, 빈들

※ θεός 의 사용빈도는 1317회로 2변화 명사 가운데 가장 자주 쓰이고 있다.
※ ἔργον 의 사용빈도는 169회로 2변화에 속한 중성 명사 가운데 가장 자주 쓰이고 있다.
※ 주의: −ος 로 끝나지만, 문법적 성이 남성이 아니고 여성인 경우들이 있다. (ἡ ὁδός, ἡ ἔρημος)

7. 관사와 명사의 일치

명사가 관사와 함께 쓰일 때, 관사는 반드시 명사의 성, 수, 격에 일치해야 한다.

아래의 보기에서 무엇이 잘못되었는지 설명할 수 있도록 연습해 두자.

① τῷ βασιλείᾳ – 여기서 명사 βασιλείᾳ는 　　, 단수, 여격이다. 그런데 앞에
붙은 관사 τῷ는 　　　　, 단수, 여격이다. 따라서 명사와 관사의 　　　　　
　　　　 옳지 않다. 여성, 단수, 여격 관사를 붙여서 τῇ βασιλείᾳ라고 해야 옳은
표현이다.

② τὰ εὐαγγέλιον – 여기서 명사 εὐαγγέλιον은 중성, 　　　, 주격 또는 대격이
다. (참고. 중성의 경우에는 주격과 대격의 모양이 같다.) 그런데 앞에 붙은 관사
τὰ는 중성, 　　, 주격 또는 대격이다. 따라서 명사와 관사의 　　　　
옳지 않다. 중성, 단수, 주격 또는 대격 관사를 붙여서 τὸ εὐαγγέλιον 이라고 해
야 옳은 표현이다.

③ τοῦ θεόν – 여기서 명사 θεόν은 남성, 단수, 　　　이다. 그런데 앞에 붙은 관사
τοῦ는 남성, 단수, 　　　이다. 따라서 명사와 관사의 　　　　　　 옳지 않다.
남성, 단수, 대격 관사를 붙여서 τὸν θεόν 이라고 해야 옳은 표현이다.

◯.

1. 다음 중 θεός의 단수 여격을 골라 보시오.

① θεοῦ   ② θεῷ   ③ θεούς   ④ θεοί

2. 다음 중 ἀγάπη의 단수 대격을 골라 보시오.

① ἀγάπαι   ② ἀγάπης   ③ ἀγάπην   ④ ἀγάπῃ

3. 다음 중 μυστήριον의 복수 속격을 골라 보시오.

① μυστήριον   ② μυστηρίου   ③ μυστηρίῳ   ④ μυστηρίων

4. 다음 중 명사와 관사의 쓰임새가 옳은 것을 골라 보시오.

① τῷ βασιλείᾳ   ② τοῦ θεόν

③ ὁ λόγος   ④ τὰ εὐαγγέλιον

5. 다음 중 명사와 관사의 쓰임새가 옳지 않은 것을 골라 보시오.

① τὸν θεόν   ② ὁ ὁδός

③ τὸ εὐαγγέλιον   ④ τῇ βασιλείᾳ

정답 | 1. ②   2. ③   3. ④   4. ③   5. ②

 알 암 이 휘

τὸ εὐαγγέλιον	복음, 좋은 소식	ἡ ὁδός	길, 도,
ὁ θεός	하나님, 신	ὁ ἄνθρωπος	사람
ὁ υἱός	아들	ὁ κόσμος	세상, 우주
ἡ ἀδικία	불법	ἡ ἔρημος	사막, 광야, 외딴 곳
ἡ ἀλήθεια	진리	ἡ βασιλεία	나라, 통치
ἡ συναγωγή	회당	ὁ λόγος	말씀

τὸ μυστήριον	비밀, 신비	ἡ ζωή	생명
ὁ Ἰησοῦς	예수님	ἡ ἐκκλησία	교회, 민회
ὁ Χριστος	그리스도	ὁ δοῦλος	종, 노예

※ 사전에서는 낱말 소개가 〈εὐαγγέλιον, ου, τό, 복음〉의 형식으로 나온다. 가운데 ου는 단수 속격을 나타낸다. 그런데 이번 과에서만 관사와 명사의 일치 형식에 유의하는 차원에서 위와 같이 표시해 보았다. 다음부터는 사전 형식으로 낱말을 소개할 것이다.

 연습문제

1. τὸ εὐαγγέλιον τοῦ θεοῦ

2. ὁ υἱὸς τοῦ θεοῦ (요1서 4:11)

3. τῇ ἀδικίᾳ, τῇ ἀληθείᾳ

4. ἡ βασιλεία τοῦ θεοῦ (막 4:26)

5. περί[1] τοῦ λόγου τῆς ζωῆς (요1서 1:1)

6. τὰς ὁδούς

7. ὁ υἱὸς τοῦ ἀνθρώπου

8. τὸν κόσμον, τὸν υἱόν

9. ἐν[2] τῇ ἐρήμῳ

10. μετὰ[3] τῶν θηρίων

11. εἰς[4] τὴν συναγωγήν

12. τὸ μυστήριον τῆς βασιλείας τοῦ θεοῦ (막 4:11)

13. Παῦλος δοῦλος Χριστοῦ Ἰησοῦ (롬 1:1)

14. τῇ ἐκκλησίᾳ τοῦ θεοῦ (고전 1:1)

---

1) περί (전치사, +속격), ~에 관하여(about)
2) ἐν (전치사, +여격) ...안에 (in)
3) μετά (전치사, +속격) ...과 함께 (with)
4) εἰς (전치사, +대격) ...안으로 (into)

μάθημα

03

εἰμί (to be) 동사

1. εἰμί 동사의 현재형

1인칭	εἰμι 또는 εἰμί		ἐσμεν 또는 ἐσμέν
2인칭	εἶ		ἐστε 또는 ἐστέ
3인칭	ἐστι(ν) 또는 ἐστί(ν)		εἰσι(ν) 또는 εἰσί(ν)
부정사		εἶναι	

2. εἰμί 동사의 미래형

1인칭	ἔσομαι		ἐσόμεθα
2인칭	ἔσῃ		ἔσεσθε
3인칭	ἔσται		ἔσονται

3. εἰμί 동사의 특징

① '…이다' 또는 '…이 있다'는 뜻이다. 영어의 be 동사에 해당한다.

② 모든 동사는 인칭과 수에 따라 모양이 달라진다(conjugate).

③ εἰμί 동사 .

④ 문장 속에서 보통은 악센트 없이 사용되지만, 악센트가 붙는 경우들도 있다.

⑤ 참고 εἰμί 동사의 악센트

　① εἰμι 동사는 보통 후접어로 쓰인다. 후접어는 바로 앞에 나온 말 뒤에 이어 나오며 앞에 나온 말과 밀접하게 연결된다. 이런 후접어는 보통 악센트를 가지지 않는다.

　② ἐστι와 같이 2음절로 된 후접어가 피널트에 애큐트 악센트를 가지는 말 뒤에 올 때는 악센트를 가진다. (예 ἀγάπη ἐστίν.)

　③ οὐκ ἔστιν의 형태로 쓰일 때는 악센트를 가진다.

⑥ εἰμί 동사의 미래형도 불규칙 동사에 해당한다. 3인칭 단수의 경우 연결모음 ε없이 ἔσται가 된 점에 주의할 필요가 있다. ἔσεται가 아니다!

○.

1. 다음 중 εἰμί 동사의 현재 3인칭 단수형을 골라 보시오.
   ① ἐσμεν ② ἐστι ③ ἐστε ④ εἶ

2. 다음 중 εἰμί 동사의 현재 3인칭 복수형을 골라 보시오.
   ① ἔσται ② ἐστι ③ εἰσι ④ ἔσονται

3. 다음 중 εἰμί 동사의 미래 2인칭 단수형을 골라 보시오.
   ① εἶ ② ἔσεσθε ③ ἔσται ④ ἔσῃ

4. 다음 중 εἰμί 동사의 미래 3인칭 복수형을 골라 보시오.
   ① ἔσεσθε ② εἰσι ③ ἔσονται ④ ἔσται

5. εἰμί 동사의 부정사를 써 보시오.

정답 | 1. ② 2. ③ 3. ④ 4. ③ 5. εἶναι

 낱말 익힘

τέκνον, τό	아이, 자녀	ἐγώ	나 (I)
ἄρτος, ὁ	빵	σύ	너 (you)
φόβος, ὁ	두려움	ὑμεῖς	너희 (you)
κύριος, ὁ	주님, 주인	φῶς, τό	빛 (* 3변화 명사)
ἀπόστολος, ὁ	사도	νῦν	(부사) 지금
ἀγάπη, ἡ	사랑	σῶμα, τό	몸 (body)
ἁμαρτία, ἡ	죄	πρόβατον, τό	양 (sheep)
ἀνομία, ἡ	무법(lawlessness)	θύρα, ἡ	문(door)

1. κύριός ἐστιν ὁ υἱὸς τοῦ ἀνθρώπου. (막 2:28)

2. νῦν τέκνα θεοῦ ἐσμεν. (요1서 3:2)

3. Ἰησοῦς ἐστιν ὁ υἱὸς τοῦ θεοῦ. (요1서 4:11)

4. οὐκ εἰσὶν ἀπόστολοι.

5. σὺ εἶ ὁ υἱὸς τοῦ θεοῦ. (막 3:11)

6. ἐγώ εἰμι ὁ ἄρτος τῆς ζωῆς. (요6:35)

7. φόβος οὐκ ἔστιν ἐν τῇ ἀγάπῃ. (요1서 4:18)

8. ἐστε σῶμα Χριστοῦ. (고전 12:27)

9. ἡ ἁμαρτία ἐστὶν ἡ ἀνομία. (요1서 3:4)

10. ὑμεῖς ἐστε τὸ φῶς τοῦ κόσμου. (마 5:14)

11. ἐγώ εἰμι ἡ ὁδὸς καὶ ἡ ἀλήθεια καὶ ἡ ζωή. (요 14:6)

12. ἐγώ εἰμι ἡ θύρα τῶν προβάτων. (요10:7)

μάθημα

04

형용사 1, 2변화

1. 형용사 1, 2 변화의 변화형

주격	καλ	καλ	καλ	καλ	καλ	καλ
속격	καλ	καλ	καλ	καλ	καλ	καλ
여격	καλ	καλ	καλ	καλ	καλ ͂	καλ
대격	καλ	καλ	καλ	καλ	καλ	καλ ´
호격	καλ ´	καλ	καλ	καλ	καλ	καλ ´

2. 형용사 1, 2 변화형의 특징

① 형용사 남성형과 중성형은 명사 제2변화형을 그대로 따른다.

② 형용사 여성형은 명사 제1변화형을 그대로 따른다.

③ 형용사 여성형은 어미가 둘로 나뉜다. 위의 표에서처럼 −η로 끝나기도 하고, 때로는 −α로 끝나기도 한다.

④ 형용사 여성형에서 어근이 −ε−, −ι−, −ρ−로 끝나는 경우에 여성형 어미는 −η가 아니고, −α이다. 예를 들면, πονηρός, πονη ά, πονηρόν (악한, wicked)이 그런 경우에 해당한다. 이런 형용사는 1변화 명사 가운데 −α로 끝나는 명사의 변화 방식을 따른다. (참고 위 14쪽 a형).

3. 형용사의 용법

① 형용사의 쓰임새는 서술적 용법, 한정적 용법, 독립적 용법으로 나뉜다.

② 서술적 용법: 형용사가 명사의 성질이나 상태를 설명하는 보어로 쓰인 경우를 가리킨다.
예 ὁ καρπὸς καλός.

③ 한정적 용법: 아래 ①의 경우와 같이, 형용사가 관사와 명사 사이에 위치하여 명사의 성질이나 상태를 설명하는 용법으로 쓰인 경우를 가리킨다. 그런데 때로는 아래 ②의 경우와 같이, 그 위치를 달리할 수 있는데, 그럴 경우에는 관사와 명사 바깥으로 나올 때 그 형용사는 반드시 관사를 그 앞에 동반해서 나와야 한다.

① ὁ καλὸς καρπός
② ὁ καρπὸς ὁ καλός

> **형용사의 위치: 서술적 위치와 한정적 위치**
>
> ① 서술적 위치: (관사 + 명사)의 바깥 자리 (관사 + 명사 + <u>형용사</u> or <u>형용사</u> + 관사 + 명사)
>
> ⓐ ὁ καρπὸς <u>καλός</u>. or <u>καλὸς</u> ὁ καρπός .
>
> ② 한정적 위치: 관사와 명사 사이에 있는 자리 (관사 + 형용사 + 명사)
>
> ⓐ ὁ <u>καλὸς</u> καρπός

형용사가 서술적 용법이나 한정적 용법으로 쓰일 때, 그 형용사는 자신이 수식하거나 설명해 주는 명사나 대명사의 성, 수, 격에 일치해야 한다.

① τὰ ἔργα πονηραί ἐστιν. (X) ➜ τὰ ἔργα πονηρά ἐστιν.[5] (O)

이 예문에서 τὰ ἔργα는 중성 복수 주격 명사인데, 서술적으로 쓰인 형용사 πονηραί는 여성 복수 주격을 취하고 있다. 따라서 성이 불일치하기 때문에 잘못 쓰인 보기에 해당한다. 중성 복수 주격 πονηρά를 써 주어야 한다.

② ὁ ἀγαθοὶ λόγος (X) ➜ ὁ ἀγαθὸς λόγος (O)

이 예문에서 ὁ λόγος는 남성 단수 주격 명사인데, 한정적으로 쓰인 형용사 ἀγαθοὶ 는 남성 복수 주격을 취하고 있다. 따라서 수가 불일치하기 때문에 잘못 쓰인 보기에 해당한다. 남성 단수 주격 ἀγαθὸς를 써 주어야 한다.

③ ἡ ἐντολὴ ἁγίαν (X) ➜ ἡ ἐντολὴ ἁγία (O)

이 예문에서 ἡ ἐντολὴ는 여성 단수 주격 명사인데, 서술적으로 쓰인 형용사 ἁγίαν은 여성 단수 대격을 취하고 있다. 따라서 격이 불일치하기 때문에 잘못 쓰인 보기에 해당한다. 여성 단수 주격 ἁγία를 써 주어야 한다.

독립적 용법: 형용사가 명사나 대명사와 상관없이 관사만 취하여 독립적으로 쓰이면서 명사적 의미를 가지는 경우를 가리킨다.

ⓐ ὁ <u>ἀγαθὸς</u> λέγει τὰ <u>ἀγαθά</u>.

⇒ 이 예문에서 ὁ ἀγαθὸς는 다른 명사나 대명사 없이 관사+형용사 형태로만 쓰여서 '좋은 남자/사람'을 뜻하는 의미로 쓰이고 있다. ἡ ἀγαθή와 같이 여성형으로 쓰이면 '좋은 여자'의 의미를 갖게 된다. 한편, τὰ ἀγαθα는 명사와 상관없이 중성 복수 관사와 함께 독립적으로 사용되어 '좋은 것들'의 의미로 쓰이고 있다.

---

5) 주어가 복수인데 동사는 단수형이 쓰이고 있다. 그러나 잘못 쓰인 것은 아니다. 중성 복수가 주어일 때는 단수 동사가 올 수 있다.

1. 다음 중 형용사가 한정적 용법으로 쓰인 경우를 찾아보시오.

   ① ὁ ἀγαθὸς λόγος   ② ὁ λόγος ἀγαθός

   ③ ὁ καρπὸς καλός   ④ καλὸς ὁ καρπός

2. 다음 중 형용사가 서술적 용법으로 쓰인 경우를 찾아보시오.

   ① ὁ ἀγαθὸς λόγος   ② ὁ λόγος ὁ ἀγαθός

   ③ ὁ καρπὸς καλός   ④ ὁ καρπὸς ὁ καλός

3. 다음 중 형용사가 독립적 용법으로 쓰인 경우를 찾아보시오.

   ① ὁ ἀγαθὸς ἄνθρθπος   ② ὁ λόγος ὁ ἀγαθός

   ③ ὁ ἀγαθὸς λόγος   ④ ὁ ἀγαθός

4. 다음 중 형용사와 명사의 쓰임새가 옳지 않은 것을 골라 보시오.

   ① τὰ ἔργα πονηρά   ② τοῦ λόγου τοῦ ἀγαθοῦ

   ③ οἱ καρπὸς καλοί   ④ ὁ ἀγαθὸς ἄνθρθπος

5. 다음 중 형용사와 명사의 쓰임새가 옳지 않은 것을 골라 보시오.

   ① τὸ ἔργον πονηρόν   ② τῷ λόγῳ τῷ ἀγαθῷ

   ③ ἡ ἐντολὴ ἁγία   ④ ὁ ὁδὸς ὁ ἀγαθός

정답 | 1. ①   2. ③   3. ④   4. ③   5. ④ (ὁδός는 여성명사)

νόμος, ὁ	율법	δένδρον, τό	나무
ἐντολή, ἡ	계명	ἀγαθός, ή, όν	좋은, 선한
καρπός, ὁ	열매	μέν ... δέ ...	(한편으로는) ... 또 한편으로는
καλός, ή, όν	좋은, 아름다운	αἰώνιος, ον	영원한 (*이 형용사는 남성과 여성형이 동일하다)
ἅγιος, ία, ον	거룩한	κλητός, ή, όν	부름 받은
δίκαιος, ία, ον	정의로운, 옳은	ἀληθινός, ή, όν	참된, 진짜인
οὐρανός, ὁ	하늘	γεωργός, ὁ	농부
ἄμπελος, ἡ	포도나무	τέλειος, α, ον	완전한, 온전한

1. ὁ νόμος ἅγιος. (롬 7:12)
2. ἡ ἐντολὴ ἁγία καὶ δικαία καὶ ἀγαθή. (롬 7:12)
3. Παῦλος ἐστι κλητὸς ἀπόστολος. (롬 1:1 참조)[6]
4. ὁ ἀγαθὸς ἄνθρωπος βλέπει[7] τὸ ἀγαθόν.
5. ὁ πονηρὸς ἄνθρωπος λέγει[8] τὸ πονηρόν.
6. δένδρον καλὸν ποιεῖ[9] καρπὸν καλόν, δένδρον κακὸν καρπὸν κακόν. (눅6:43 참조)
7. ὁ ἄνθρωπος ἔχει[10] ζωὴν αἰώνιον.
8. λαμβάνω[11] ἐκ τοῦ οὐρανοῦ τὸν ἄρτον τὸν ἀληθινόν. (요 6:32 참조)
9. ἐγώ εἰμι ἡ ἄμπελος ἡ ἀληθινή, καὶ ὁ πατήρ μου ὁ γεωργός. (요15:1)
10. ἡ τελεία ἀγάπη ἐκβάλλει[12] τὸν φόβον. (요1서 4:18)

---

6) 형용사가 관사 없이 쓰인 명사와 함께 한정적 용법으로 쓰일 수도 있다.
7) βλέπει (그가 본다, he sees)
8) λέγει (그가 말한다, he says)
9) ποιεῖ (그가 맺는다, he makes)
10) ἔχει (그가 가지고 있다, he has)
11) λαμβάνω (나는 받는다, I receive)
12) ἐκβάλλει (내쫓는다, it drives out)

μάθημα

05

직설법 능동태 동사의 현재형과 미래형

1. 동사와 관련해서 알아야 할 기본 문법 사항

동사의 　　　　　에는 직설법(indicative), 가정법(subjunctive), 희구법(optative), 명령법(imperative)이 있다. 우선 이번 과에서 직설법부터 공부하고, 차차 다른 법들을 공부하게 될 것이다. 희구법은 신약성서에서 그 사용 횟수가 그리 많지 않기 때문에, 신약성서에 나오는 문장 위주로 공부하는 이 책에서는 다루지 않기로 한다.

동사의 　　　　　에는 능동태(active), 중간태(middle), 수동태(passive)가 있다. 중간태는 초급 문법 교재에서는 자세히 다루지 않는 편이다. 다만 나중에 배우게 될 이태동사(deponent) 변화에서 그 변화형을 자주 접하게 된다.

동사의 　　　　　에는 현재, 미래, 미완료, 단순과거, 현재완료, 과거완료가 있다. 동사의 시제는 1시제(현재, 미래, 현재완료)와 2시제(미완료, 단순과거, 과거완료)로 나뉜다. 최근 들어 학자들은 헬라어에서 시제의 시간적 의미보다는 시상(aspects)의 중요성에 더 주목하는 경향이 있다.

2. 직설법 능동태 동사의 현재형과 미래형 변화

1인칭	λυ	λυ	λυ σ	λυ σ
2인칭	λυ	λυ	λυ σ	λυ σ
3인칭	λυ	λυ	λυ σ	λυ σ
부정사		λυ		λυ σ

3. 직설법 능동태 동사 현재형의 구성 원리

- 동사는 어간과 어미로 나누어진다. (예 어간 λυ + 어미 　　)
- 위의 표에서 보는 것처럼, 어간은 그대로 있고, 어미만 변화한다.
- 인칭과 수에 따라 어미의 형태가 달라진다. 파란색으로 된 어미변화를 잘 익혀 두어야 한다.
- 3인칭 복수형이 문장 끝에 오거나, 그 뒤에 모음으로 시작되는 단어가 오는 경우에 −ν−가 붙기도 한다. 이런 −ν−를 '움직이는(movable) ν(뉘)'라고 부른다.
- 부정사는 어간에 　　을 붙여서 만든다.

4. 직설법 능동태 동사 미래형의 구성 원리

① 직설법 능동태 동사 미래형의 중요한 구성 요소는 시제 접미어 –σ–이다.
② 위의 표에서 보는 것처럼, 현재형에 –σ–만 덧붙이면 미래형이 된다.

O. 확인 퀴즈

1. 다음 중 βλέπω 동사의 3인칭 단수형을 골라 보시오.

① βλέπεις   ② βλέπομεν   ③ βλέπει   ④ βλέπουσι

2. 다음 중 단수 동사를 찾아보시오.

① βλέπετε   ② λέγεις   ③ γράφουσι   ④ ἀκούετε

3. 다음 중 미래형 동사를 찾아보시오.

① λαμβάνετε ② πιστεύει   ③ λύσομεν   ④ γινώσκετε

4. 다음 중 1인칭 단수 동사를 골라 보시오.

① λέγεις   ② βλέπεις   ③ πιστεύεις   ④ μένω

5. λύω 동사의 부정사를 써 보시오.

정답 | **1.** ③ **2.** ② **3.** ③ **4.** ④ **5.** λύειν

 낱말 익힘

πιστεύω	믿다	ἀκούω	(+속격) 듣다
γινώσκω	알다	ἔχω	가지다 (I have)
μένω	머무르다, 거하다	διδάσκω	가르치다
γράφω	쓰다, 그리다	κυριεύω	(+속격) 주인노릇하다, 다스리다
ἐκβάλλω	내쫓다	ὅτι	(접속사) ~라는 것을(that), 왜냐하면 (because)
λέγω	말하다	παραβολή, ἡ	비유

30

λαμβάνω	받다, 취하다	ἐξουσία, ἡ	권한, 권리, 권세, 권력
ἐκκλησία, ἡ	교회, 민회	παλαιός, ά, όν	낡은, 오래된
εἷς	(수사) 하나, 1	καινός, ή, όν	새로운
ἐπί	+ 속격, ~ 위에, + 여격, ~에, ~ 로 말미암아	χαίρω	기뻐하다
ὑπό	(전치사) ~ 아래에	συγχαίρω	~와 함께 기뻐하다 (+여격)

1. πιστεύεις ὅτι εἷς ἐστιν ὁ θεός. (약 2:19)

2. ἐξουσίαν ἔχει ὁ υἱὸς τοῦ ἀνθρώπου. (막 2:10)

3. πιστεύω ὅτι Ἰησοῦς ἐστιν ὁ Χριστός. (요1서 5:1, 참조)

4. οὐκ ἐντολὴν καινὴν γράφω ὑμῖν[13] ἀλλ᾽ ἐντολὴν παλαιάν. (요1서 2:7)

5. φόβος οὐκ ἔστιν ἐν τῇ ἀγάπῃ ἀλλ᾽ ἡ τελεία ἀγάπη ἐκβάλλει τὸν φόβον. (요1서 4:18)

6. γράφετε ταῖς ἐκκλησίαις.

7. διδάσκει τοὺς δούλους. (계 2:20)

8. λέγει τῇ ἐκκλησίᾳ τὴν παραβολήν.

9. λαμβάνομεν ἀπ᾽ αὐτοῦ[14] τὸ πνεῦμα. (요1서 3:22 + 조합)

10. ὁ κόσμος αὐτῶν[15] ἀκούει. (요1서 4:5)

11. ἁμαρτία ὑμῶν[16] οὐ κυριεύει· οὐ γὰρ ἐστε ὑπὸ νόμον ἀλλὰ ὑπὸ χάριν. (롬 6:14)

12. οὐ χαίρει ἐπὶ τῇ ἀδικίᾳ, συγχαίρει δὲ τῇ ἀληθείᾳ. (고전 13:6)

---

13) ὑμῖν, 너희에게 (2인칭 대명사 복수 여격)

14) ἀπ᾽ αὐτοῦ, 그로부터

15) αὐτῶν, 그들의 말을 (3인칭 대명사 복수 속격인데, 이 문장에서는 속격을 목적어로 취하는 ἀκούω 동사의 목적어로 쓰였다.)

16) ὑμῶν, 너희들을 (2인칭 대명사 복수 속격인데, 이 문장에서는 속격을 목적어로 취하는 κυριεύω 동사의 목적어로 쓰였다.)

인칭대명사와 지시대명사

1. 인칭대명사 변화형 (1)

주격	ἐγώ	ἡμεῖς	σύ	ὑμεῖς
속격	ἐμοῦ 또는 μου	ἡμῶν	σοῦ 또는 σου	ὑμῶν
여격	ἐμοί 또는 μοι	ἡμῖν	σοί 또는 σοι	ὑμῖν
대격	ἐμέ 또는 με	ἡμᾶς	σέ 또는 σε	ὑμᾶς

2. 인칭대명사 변화형 (2)

주격	αὐτ	αὐτ	αὐτ
속격	αὐτ	αὐτ	αὐτ
여격	αὐτ	αὐτ	αὐτ
대격	αὐτ	αὐτ	αὐτ

주격	αὐτ	αὐτ	αὐτ
속격	αὐτ	αὐτ	αὐτ
여격	αὐτ	αὐτ	αὐτ
대격	αὐτ	αὐτ	αὐτ

3. 인칭대명사 변화형의 특징

● 1, 2인칭 대명사는 기존 명사 변화에 비해 다소 불규칙적이다. 따라서 표에 있는 변화형을 철저히 외워 두어야 한다.

● 단수 속격, 여격, 대격은 두 가지가 혼용된다. 악센트가 있는 것이 강조형이고, 악센트가 없는 것이 비강조형이다. 강조형과 비강조형이 어느 때 쓰이는지는 지금 단계에서는 신경 쓰지 않아도 된다. 적혀 있는 형태를 잘 구분할 수만 있으면 그만이다.

● 3인칭 대명사의 변화형은 형용사 1, 2 변화형과 거의 같다. 한 가지 차이점은 중성 단수와 대격이 − 이 아니라, − 로 끝난다는 점이다.

● 인칭대명사에는 호격은 없다.

4. 3인칭 대명사는 다른 명사를 대신하여 가리키는 대명사로 쓰이기도 한다. 이때 이 대명사가 가리키는 실제 명사(=선행사)가 무엇인지를 잘 구분할 수 있어야 한다. 이런 대명사는 자신이 대신 가리키는 명사의 성, 수와 일치해야 한다. 그러나 격은 이 대명사가 쓰인 문맥에서 달라질 수 있다.

① διδάσκει <u>τὸν νόμον</u> καὶ μανθάνω <u>αὐτόν</u>.

② βλέπω <u>τὸν ἄνθρωπον</u> καὶ βάλλεις <u>αὐτῷ</u> τοὺς λίθους.

5. 지시대명사

οὗτος, αὕτη, τοῦτο (이것, this)

주격	οὗτ	αὕτ	τοῦ
속격	τούτ	ταύτ	τούτ
여격	τούτ	ταύτ	τούτ
대격	τοῦτ	ταύτ	τοῦτ

주격	οὗτ	αὗτ	ταῦτ
속격	τούτ	τούτ	τούτ
여격	τούτ	ταύτ	τούτ
대격	τούτ	ταύτ	ταῦτ

ἐκεῖνος, η, ο (저것, that)

① 어미변화는 위의 3인칭 대명사 변화형과 같다.

② 중성형이 −ον이 아니라 −ο라는 점에 주의할 필요가 있다.

지시대명사의 용법

① 지시대명사는 관사나 형용사처럼 자신이 수식하는 명사의 성, 수, 격에 일치해야 한다.

② 지시대명사는 한정적 위치에는 올 수 없고, 늘 서술적 위치에만 올 수 있다.

예 οὗτος ὁ λόγος (O), ὁ λόγος οὗτος (O), ὁ οὗτος λόγος (X)

○.

1. 다음 중 1인칭 복수 대격 대명사를 골라 보시오.

① ἡμεῖς   ② ἡμᾶς   ③ ὑμεῖς   ④ ὑμᾶς

2. 다음 중 2인칭 복수 여격 대명사를 골라 보시오.

① ἡμῖν   ② ἡμῶν   ③ ὑμῖν   ④ ὑμῶν

3. 다음 중 "이것들에게"(중성 복수 여격)를 뜻하는 지시대명사를 찾아보시오.

① τούτοις   ② τούτῳ   ③ ἐκείνοις   ④ ἐκείνῳ

4. 다음 중 지시대명사의 쓰임새가 옳은 것을 골라 보시오.

① οὗτος ὁ λόγος   ② ὁ λόγος ὁ οὗτος

③ ὁ οὗτος λόγος   ④ ὁ οὗτος ὁ λόγος

5. 다음 중 동사와 인칭대명사의 쓰임이 적절한 것을 골라 보시오.

① ἐγὼ βλέπεις   ② σὺ γράφω

③ ἡμεῖς πιστεύομεν   ④ ὑμεῖς γινώσκουσιν

정답 | 1. ②   2. ③   3. ①   4. ①   5. ③

낱말 익힘

λίθος, ὁ	돌 (stone)	ἀκούω	(+속격) 듣다
ἐκ	(전치사), (+ 속격), ~로부터 εἰμί 동사와 함께 쓰여서 '~에게 속하다(belong to)'	εὐθύς	(부사) 곧, 즉시
ἐν	(전치사), (+ 여격), ~ 안에(in)	πνεῦμα, τό	영(spirit), 다른 격변화는 3변화 명사에서 배우게 된다.
οὐ, οὐκ, οὐχ	부정어 (not)	εἰς	(전치사), (+ 대격), ~안으로 (into), ~를 위해서
οὐδέ	접속사, ~도 아니 οὐδέ ~, οὐδε ~ ~도 아니고, ~도 아니다. (neither ~ nor ~)	περί	(전치사), (+속격), ~에 대해서, + 대격 ~ 둘레에
κατακρίνω	죄 있다고 판가름하다	βλέπω	보다(see)
ἀνάστασις, ἡ	부활	μανθάνω	배우다(learn)

 연습문제

1. ὁ κόσμος οὐ γινώσκει ἡμᾶς. (요1서 3:1)

2. ὁ θεὸς ἐν αὐτῷ μένει καὶ αὐτὸς ἐν τῷ θεῷ. (요1서 4:11)

3. λέγουσιν αὐτῷ ὅτι ἐκεῖνος δίκαιός ἐστιν. (요1서 3:7)

4. ἡμεῖς ἐκ τοῦ θεοῦ ἐσμεν. (요1서 4:6)

5. ἡ ἀγάπη τοῦ θεοῦ ἐστιν ἐν ἡμῖν. (요1서 4:10)

6. ὑμεῖς ἐκ τοῦ θεοῦ ἐστε. (요1서 4:4)

7. αὐτοὶ ἐκ τοῦ κόσμου εἰσίν καὶ ὁ κόσμος αὐτῶν ἀκούει. (요1서 4:5)

8. οὐδὲ ἐγώ σε κατακρίνω. (요 8:11)

9. λέγει αὐτῇ ὁ Ἰησοῦς· ἐγώ εἰμι ἡ ἀνάστασις καὶ ἡ ζωή. (요 11:25)

10. αὕτη ἐστὶν ἡ ἐντολὴ αὐτοῦ. (요1서 3:23)

11. εὐθὺς τὸ πνεῦμα αὐτὸν ἐκβάλλει εἰς τὴν ἔρημον. (막 1:12)

12. ταῦτα γράφομεν ὑμῖν περὶ ἡμῶν.

13. αὕτη ἡ ζωὴ ἐν τῷ υἱῷ αὐτοῦ ἐστιν. (요1서 5:11)

μάθημα

07

1변화를 하는 남성 명사

1. 1변화를 하는 남성 명사의 변화형

	단수	복수	단수	복수
주격	μαθητής	μαθητ	προφήτης	προφῆτ
속격	μαθητοῦ	μαθητ	προφήτου	προφητ
여격	μαθητ	μαθητ	προφήτ	προφήτ
대격	μαθητ	μαθητ	προφήτ	προφήτ
호격	μαθητ	μαθητ	προφῆ	προφῆτ

2.

−της로 끝나는 명사들은 문법적 성은 남성이지만, 인칭 어미는 2변화 남성 명사의 변화형이 아니라 위 표와 같이 1변화형을 따른다. 위의 표에 나오는 두 명사는 신약성경에서 사용 빈도가 매우 높은 편이다. −της는 '～하는 사람'을 뜻하는 인칭 어미이다. (예 μαθητής 제자 – 배우는 사람, προφήτης 예언자 – 예언하는 사람)

O. 확인 퀴즈

1. 다음 중 명사 μαθητής의 단수 여격을 골라 보시오.
   ① μαθηταί ② μαθητῷ ③ μαθητοῦ ④ μαθητῇ

2. 다음 중 명사 προφήτης의 복수 주격을 골라 보시오.
   ① προφήται ② προφήτοι ③ προφήταις ④ προφήτην

3. 다음 중 명사 μαθητής의 복수 여격을 골라 보시오.
   ① μαθηταί ② μαθητῶν ③ μαθηταῖς ④ μαθητοῖς

4. 다음 중 관사와 명사의 쓰임이 적절한 것을 골라 보시오.
   ① αἱ μαθηταί ② οἱ μαθηταί ③ ἡ μαθηταί ④ ὁ μαθηταί

5. 다음 중 προφήταις 앞에 올 알맞은 관사를 골라 보시오.
   ① ταῖς ② τὰς ③ τοῖς ④ τοὺς

정답 | 1. ④ 2. ① 3. ③ 4. ② 5. ③

ὄχλος, ὁ	무리(crowd)	μετά	전치사, (+속격), ~과 함께(with) (+대격), ~한 뒤에(after)
μαθητής, -οῦ, ὁ	제자	ὑπέρ	전치사, (+속격), ~를 위해서, ~를 대신해서, (+대격), ~를 넘어서, ~위에
ἱερόν, τό	성전	γάρ	접속사, 후치사, 왜냐하면(for)
διδάσκαλος, ὁ	선생님	οἰκία, ἡ	집
καταλύω	폐지하다, 없애다	προφήτης, ου, ὁ	예언자, 선지자

1. λέγει αὐτῷ οἱ μαθηταὶ αὐτοῦ· βλέπεις τὸν ὄχλον; (막 5:31 참조)

2. ἐν τῇ οἰκίᾳ πάλιν οἱ μαθηταὶ λέγουσι περὶ τούτου. (막 10:10 참조)

3. οὐκ ἔστιν μαθητὴς ὑπὲρ τὸν διδάσκαλον. (눅 6:40)

4. ὁ Ἰησοῦς μετὰ τῶν μαθητῶν βλέπει ἐκεῖνο τὸ ἱερόν.

5. ὁ Ἰησοῦς λέγει τοῖς μαθηταῖς τὴν παραβολήν.

6. οὗτος γάρ ἐστιν ὁ νόμος καὶ οἱ προφῆται. (마 7:12)

7. λέγει ταῦτα ὁ θεὸς διὰ τῶν ἁγίων προφητῶν. (행 3:21 참조)

8. ὁ Ἰησοῦς οὐ καταλύει τὸν νόμον ἢ τοὺς προφήτας. (마 5:17 참조)

9. οὗτός ἐστιν ὁ λόγος τοῦ προφήτου.

10. βλέπει τὸν μαθητὴν αὐτοῦ.

μάθημα 08

직설법 능동태 동사의
미완료(imperfect)와 단순과거형(aorist)

1. 미완료와 단순과거 변화형

1인칭	λυ	λύ	λυ σα	λύ σα
2인칭	λυ	λύ	λυ σα	λύ σα
3인칭	λυ	λυ	λυ σ	λυ σα
부정사		–		λῦ

2. 미완료형의 구성 원리와 뜻

2시제를 나타내는 접두 모음 ε–를 어근 앞에 붙인다.

인칭과 수에 따라 어미변화를 한다.

미완료는 과거에 진행되고 있거나 반복되는 동작을 나타낸다.
('…하고 있었다.' 또는 '…하곤 했다.')

[참고] 동사에는 1시제와 2시제가 있다. 2시제는 모두 접두 모음 ε–를 가진다.

현재, 미래, 현재완료   미완료, 단순과거, 과거완료

3. 단순과거의 구성 원리와 뜻

2시제를 나타내는 접두 모음 ε–를 어근 앞에 붙인다.

단순과거를 나타내는 시제 접미어 –σα–를 인칭어미 앞에 붙인다.
(3인칭 단수에서는 –σα–가 인칭어미와 축약되어 –σε가 되고 있는 점에 유의)

인칭과 수에 따라 어미변화를 한다.

단순과거는 과거에 단순히 어떤 동작이 일어났음을 나타낸다. ('…했다.') 시제(tense)
보다는 동작의 성격(aspect)에 초점을 두고 이해하는 것이 적절할 때가 많다.

4. 자음으로 끝나는 어근을 가진 동사의 미래/단순과거에서 음운 변화

미래 시제를 나타내는 시제 접미어는 –σ–이고, 단순과거를 나타내는 시제 접미어는
–σα–이다.

❷ 그런데 시제 접미어 앞에 오는 동사의 어근이 자음일 때는, 그 자음과 시제 접미어의 −σ−가 만나 일종의 자음 접변 현상이 일어난다.

❸ 그런 자음은 세 부류로 나뉘는데, 각각의 음운 변화 법칙을 철저히 익혀둘 필요가 있다.

① 순음〈π, β, φ〉+〈σ〉=〈ψ〉

πέμ ω → πεμ ω, ἐπέμ α → ἔπεμ α,

τρί ω → τρί ω, ἔτρι α → ἔτρι α

γρά ω → γρά ω, ἔγρα α → ἔγρα α

② 구개음〈κ, γ, χ, σσ〉+〈σ〉=〈ξ〉

διώ ω → διώ ω, ἐδίω α → ἐδίω α,

κηρύ ω → κηρύ ω, ἐκήρυ α → ἐκήρυ α

③ 치음〈τ, δ, θ, ζ〉+〈σ〉=〈생략〉

πεί ω → πείσω, ἔπει α → ἔπεισα,

5. εἰμί 동사의 미완료 변화형

1인칭	ἤμην	ἤμεν
2인칭	ἦς	ἦτε
3인칭	ἦν	ἦσαν

6. 합성동사의 미완료와 단순과거

❶ 합성동사란? – 접두어와 기본 동사가 합쳐진 동사를 합성동사라 한다.

❷ 합성동사의 미완료에서 시제를 나타내는 접두모음 ε−는 접두어와 원래 동사 사이에 위치한다. 예 προσπίπτω → προσ πιπτ , ἀπολύω → ἀπ λυ

합성동사의 미완료:

① προσπίπτω는 접두어 προσ와 동사 πίπτω가 합쳐진 합성동사(compound verb)이다. 이런 합성동사의 경우에는 시제를 나타내는 접두모음 ε−이 위의 예에서 볼 수 있는 것처럼 접두어와 합성되기 전 원래 동사의 사이에 온다.

② ἀπολύω는 ἀπο와 λύω가 합쳐진 합성동사이다. ἀπολύω의 경우, ἀπο와 λύω 사이에 시제를 나타내는 접두모음 ε−이 와야 한다. 그런데 ἀπ 가 모음으로 끝나기 때문에 마지막 모음 ο는 생략되고 접두모음 ε−만 첨가된 것이다.

---

7. 모음으로 시작되는 동사의 미완료와 단순과거

모음으로 시작되는 동사에는 시제를 나타내는 접두모음 ε−를 붙이지 않는다.

그 대신 첫 모음을 장음화시킨다. 이것을 보충적 장음화 현상(compensatory lengthening)이라 한다. **예** κούω → κουον, κουω → κουσα

> **모음으로 시작되는 동사의 미완료:**
>
> κούω는 첫 글자가 모음 −로 시작된다. 이런 경우 접두모음 ε−를 덧붙이면 모음이 두 개 겹치게 된다. 이를 피하기 위해 첫 글자가 모음으로 시작되는 동사의 경우에는 접두모음 ε−를 덧붙이지 않고, 대신 첫 모음을 장음화(compensatory lengthening) 시킨다. 따라서 ἄκουον이 아니라 κουον이, 또 ἄκουσα 가 아니라 κουσα가 된다.

확인 퀴즈

1. 다음 중 λύω 동사의 단순과거형을 골라 보시오.

① ἔλυον   ② ἔλυες   ③ ἔλυσαν   ④ ἔλυε

2. 다음 중 λύω 동사의 미완료 3인칭 단수형을 골라 보시오.

① ἔλυεν   ② ἔλυσας   ③ ἔλυσε   ④ ἔλυον

3. 다음 중 εἰμί 동사의 미완료 2인칭 복수형을 골라 보시오.

① ἦτε   ② ἦσαν   ③ ἦν   ④ ἦμεν

4. 다음 중 주어와 동사의 쓰임이 적절한 것을 골라 보시오.

① οἱ μαθηταί ἔλυεν   ② οἱ μαθηταί ἔλυον
③ ὁ μαθητής ἔλυσας   ④ ὁ μαθητής ἔλυσαν

5. 다음 중 주어와 동사의 쓰임이 적절한 것을 골라 보시오.

① ἐγὼ ἔλυεν   ② ὑμεῖς ἔλυον
③ σὺ ἔλυσας   ④ ἡμεῖς ἔλυσαν

정답 | 1. ③   2. ①   3. ①   4. ②   5. ③

 낱말 익힘

προσπίπτω	~ 앞에 쓰러지다	ἐπιστολή, ῆς, ἡ	편지
κράζω	소리 지르다, 외치다	δύναμαι	~할 수 있다(be able to) + 부정사
ἐλεύθερος, έρα, ον	자유로운	πέμπω	보내다
ἀκάθαρτος, ον	깨끗하지 않은 (남성형과 여성형의 모양이 같다)	βαπτίζω	세례주다
θεραπεύω	고치다, 낫게 하다	σώζω	구원하다
πιστεύω+εἰς+대격	~를 믿다	ἁρπάζω	낚아채가다
κηρύσσω	선포하다	εὐνοῦχος, ου, ὁ	내시, 재정관리

 연습문제

1. τὰ πνεύματα[17] τὰ ἀκάθαρτα προσέπιπτον[18] αὐτῷ. (막 3:11)

2. καὶ ἔκαρζον ὅτι Σὺ εἶ ὁ υἱὸς τοῦ θεοῦ. (막 3:11)

3. ἔλεγον ὅτι Πνεῦμα ἀκάθαρτον ἔχει. (막 3:30)

4. ἐλεύθεροι ἦτε. (롬 6:20)

5. ἡμᾶς ἐθεράπευσεν.

6. οἱ μαθηταὶ ἐπίστευσαν εἰς αὐτόν. (요 4:39 참조.)

7. ἠκούσαμεν[19] τὸν λόγον τῶν προφητῶν.

8. οἱ ἀπόστολοι ἐκήρυξαν τὸ εὐαγγέλιον τοῖς ἀνθρώποις.

9. ὁ Ἰησοῦς ἔπεμψαν τοὺς μαθητὰς αὐτοῖς.

10. Παῦλος ἔγραψαν ταῖς ἐκκλησίας τὰς ἐπιστολάς.

---

17) πνεύματα, 영들(spirits), 중성, 복수, 주격 명사
18) 위의 **6.** 합성동사의 미완료와 단순과거 구성 원리를 참조하라.
19) 위의 **7.** 모음으로 시작되는 동사의 미완료와 단순과거 구성 원리를 참조하라.

11. μὴ δύναται ἡ πίστις σῶσαι αὐτόν; (약 2:14)

12. ὁ Φίλιππος ἐβάπτισεν αὐτόν. (행 8:38)

13. πνεῦμα κυρίου ἥρπασεν τὸν Φίλιππον καὶ οὐκ εἶδεν[20] αὐτὸν οὐκέτι ὁ εὐνοῦχος. (행 8:38)

14. τὰ ἔργα αὐτοῦ ἦν πονηρά. (요1서 3:12)

---

20) εἶδεν은 βλέπω의 제2(=불규칙) 단순과거 3인칭 단수 동사

μαθημα

09

동사의 제2단순과거(aorist)형

1. 제2단순과거 변화형

1인칭	λαβ	λάβ	λυ	λυ
2인칭	λαβ	λάβ	λυ	λυ
3인칭	λαβ	λαβ	λυ	λυ
부정사	λαβ		–	–

2. 제2단순과거형의 구성 원리와 뜻

2시제를 나타내는 접두 모음 ε−를 어근 앞에 붙인다.

인칭과 수에 따라 어미변화를 해 준다.

제2단순과거가 미완료와 다른 점은 어근뿐이다!

이를 한 눈에 비교해 볼 수 있도록 위의 변화표에서 제2단순과거 변화형과 미완료 변화형을 나란히 배치해 두었다.

따라서 제2단순과거를 빨리 알아차리기 위해서는 그 어근을 외워두어야 한다. 그런데 제2단순과거의 어근은 동사 현재형의 어근과 다르다. 동사 현재형의 어근은 1인칭 단수형에서 −ω만 빼면 된다. 예를 들어 λύω 동사에서 −ω를 뺀 λυ−가 어근이 된다.

그러나 제2단순과거 동사의 어근은 다소 불규칙한 음운변화를 한다. 지금 단계에서는 그 변화 원리를 자세히 공부하기보다는 우선 불규칙 변화라고 생각하며 외워두는 것이 가장 효과적이다.

예를 들어, λαμβάνω 동사의 제2단순과거 1인칭 단수형은 ἔλαβον이다. 이것을 불규칙동사처럼 그냥 외워두고, 접두모음 ἔ−와 어미변화 −ον을 뺀 −λαβ−가 그 어근이라고 생각하면 된다. 그리고 나머지 인칭변화는 위의 표에서 보는 것처럼, 그 어근에 접두모음을 덧붙이고 어미변화를 해 주면 된다.

제2단순과거동사의 뜻은 앞서 공부한 단순과거동사의 경우와 똑같다.

3. 꼭 알아두어야 할 제2단순과거 동사들

εἶδον	βλέπω, ὁράω (보다)	ἔλαβον	λαμβάνω (받다 receive)
εἶπον	λέγω (말하다)	ἦλθον	ἔρχομαι (오다, come)
ἤγαγον	ἄγω (인도하다, 데려가다)	ἔβαλον	βάλλω (던지다)
ἔπεσον	πίπτω (떨어지다, 넘어지다)	ἀπέστειλα	ἀποστέλλω (임무를 맡겨 내보내다)
ἤνεγκα	φέρω (데려가다, 데려오다)		

> ### ἔρχομαι 동사
> ἔρχομαι 동사는 디포넌트 동사로 나중에 다시 공부해야 한다. 일단 여기서는 ἦλθον 형태가 매우 자주 나타나므로 우선 소개한다. 어차피 불규칙하게 변한 형태이므로 별개의 단어인 것처럼 외워두면 편리하다.

4. 유음동사의 단순과거

① 유음동사(liquid verb)는 어간이 λ, μ, ν, ρ로 끝나는 동사를 말한다.

② 유음동사의 단순과거에서는 시제 접미어 –σα–가 오지 않고, 어근에 바로 –α–가 붙는다.

③ 대신 어근에 음운변화가 일어난다.

　　예 μενω 동사의 단순과거 ➡ ἔ μειν α

④ 그러나 모든 유음동사의 어근에 음운변화가 일어나는 것은 아니다.

　　예 κρίνω 동사의 단순과거 ➡ ἔ κριν α

⑤ 어미변화는 다른 단순과거 동사의 경우와 마찬가지이다. 단순과거 어미에서 –σ–만 사라진 꼴이다.

1인칭	μειν α	μειν αμεν	λυ σα	λύ σαμεν
2인칭	μειν	μειν	λυ	λύ
3인칭	μειν	μειν	λυ	λύ
부정사	μεῖ			

1. 다음 중 λέγω 동사의 제2단순과거형을 골라 보시오.

① ἔβαλον   ② ἔλαβον   ③ εἶπον   ④ ἤγαγον

2. 다음 중 ἔρχομαι 동사의 제2단순과거형을 골라 보시오.

① ἦλθον   ② ἔλαβον   ③ εἶπον   ④ ἤγαγον

3. 다음 중 ἄγω 동사의 제2단순과거형을 골라 보시오.

① ἦλθον   ② ἔλαβον   ③ εἶπον   ④ ἤγαγον

4. 다음 중 제2단순과거가 아닌 것을 골라 보시오.

① ἔβαλον   ② ἔλυον   ③ εἶπον   ④ ἤγαγον

5. 다음 중 유음동사를 골라 보시오.

① λέγω   ② βλέπω   ③ μένω   ④ ἄγω

정답 | 1. ③   2. ①   3. ④   4. ②   5. ③

 낱말 익힘

διάβολος, ὁ	마귀	παρά	전치사, (+속격) ~한테서
ἀπέστειλα	ἀποστέλλω (임무를 맡겨 내보내다. send)	δαιμόνιον, τό	귀신
ἀναβαίνω	올라가다 (go up)	εὐθύς	부사, 곧바로
ἀλλά	그러나	πρός	전치사, (+대격) ~한테로, ~가까이로
ἄλλος, η, ο	다른, 또 하나의	ἑορτή, ἡ	명절, 절기
μνημεῖον, τό	무덤	σωτήριον, τό	구원
ἁμαρτωλός, ὁ	죄인		

1. ἦλθεν ὁ Ἰησοῦς εἰς τὴν Γαλιλαίαν. (막 1:14)

2. ἐντολὴν ἐλάβομεν παρὰ τοῦ κυρίου. (요2서 1:4 참조)

3. εἶπεν αὐτῷ ὁ διάβολος· ἔχω τὴν ἐξουσίαν ταύτην. (눅 4:6 참조)

4. ὁ διάβολος ἤγαγεν αὐτὸν εἰς Ἰερουσαλήμ. (눅 4:9)

5. εἶδεν δύο ἀδελφούς, Σίμωνα Πέτρον καὶ Ἀνδρέαν τὸν ἀδελφὸν αὐτοῦ. (마 4:18)

6. δαιμόνια ἐξέβαλεν. (막 1:34)

7. ἐξῆλθεν ἡ ἀκοὴ αὐτοῦ εὐθὺς εἰς τὴν Γαλιλαίαν. (막 1:28 참조)

8. ἔπεσεν ἔπεσεν Βαβυλών. (계 14:8)

9. ὁ θεὸς ἀπέστειλεν τὸν υἱὸν εἰς τὸν κόσμον. (요 3:17)

10. ὁ Ἰησοῦς ἔμεινεν ἐν τῇ Γαλιλαίᾳ. ἀλλ᾽ οἱ ἀδελφοὶ αὐτοῦ ἀναβαίνουσι εἰς τὴν ἑορτήν. (요 7:9–10 참조)

11. ὁ ἄλλος μαθητὴς ἦλθεν εἰς τὸ μνηεῖον καὶ εἶδεν καὶ ἐπίστευσεν. (요 20:8 참조)

12. εἶδον οἱ ὀφθαλμοί μου τὸ σωτήριόν σου. (눅 2:30)

13. οὐκ ἦλθον καλέσαι δικαίους ἀλλὰ ἁμαρτωλούς. (막 2:17)

14. διδάσκαλε, ἤνεγκα τὸν υἱόν μου πρὸς σέ. (막 9:17)

μαθημα

10

여러 유형의 3변화 명사들

1. 3변화 명사의 여러 유형들

주격	πόλις	πόλ	βασιλεύς	βασιλ	ἐλπίς	ἐλπίδ
속격	πόλε	πόλ	βασιλ	βασιλ	ἐλπίδ	ἐλπίδ
여격	πόλ	πόλ	βασιλ	βασιλ	ἐλπίδ	ἐλπί
대격	πόλ	πόλ	βασιλε	βασιλ	ἐλπίδ	ἐλπίδ
호격	πόλι	πόλ	βασιλεῦ	βασιλ	ἐλπί	ἐλπίδ

주격	ἄρχων	ἄρχοντ	νύξ	νύκτ	πνεῦμα	πνεύμα
속격	ἄρχοντ	ἀρχόντ	νυκτ	νυκτ	πνεύματ	πνευμά
여격	ἄρχοντ	ἄρχου	νυκτ	ν υ	πνεύματ	πνεύμα
대격	ἄρχοντ	ἄρχοντ	νύκτ	νύκτ	πνεῦμα	πνεύμα
호격	ἄρχων	ἄρχοντ	νύξ	νύκτ	πνεῦμα	πνεύμα

주격	ὄρος	ὄρ	πατήρ	πατέρες	γυνή	γυναῖκες
속격	ὄρ	ὄρ	πατρός	πατέρων	γυναικός	γυναικῶν
여격	ὄρ	ὄρε	πατρί	πατράσι	γυναικί	γυναιξί
대격	ὄρος	ὄρ	πατέρα	πατέρας	γυναῖκα	γυναῖκας
호격	ὄρος	ὄρ	πάτερ	πατέρες	γύναι	γυναῖκες

2. 3변화 명사의 구성 원리

❶ 3변화 명사는 단수 속격이 −ος/−ως로 끝나는 특징을 공유하면서 여러 가지 유형으로 나뉜다. 위의 표에서는 자주 만나게 되는 유형들을 8가지로 소개하였다.

❷ 3변화 명사는 단수 주격만 보아서는 알 수 없고, 단수 속격을 보고 파악할 수 있다. 단수 속격이 −ος/−ως로 끝나면 3변화 명사이다. 그래서 사전에서도 속격까지 표시해주고 있다.

예 ① νύξ, νυκτός / ② ἐλπίς, ἐλπίδος

③ ἄρχων, ἄρχοντος

④ πνεῦμα πνεύματος

보통의 경우에 단수 여격은 -ι, 단수 대격은 -α, 복수 주격과 호격은 -ες, 복수 속격은 -ων, 복수 여격은 -σι, 복수 대격은 -ας로 끝난다.

위의 표에서 유형 ①과 ②는 부분적으로 차이를 보인다. 그 차이에 주의하여 외워둘 필요가 있다.

-μα로 끝나는 중성명사는 유형 ⑥과 같이 변화한다.

-ος로 끝나는 중성명사는 유형 ⑦과 같이 변화한다. ὄρος의 단수 속격이 -ος가 아니라 -ους가 된 것은 축약(contraction)이 일어났기 때문이다.

(**예** ὄρ + ς =)

※ 신약성경에 매우 자주 나오는 이런 유형의 중성명사에는 다음과 같은 것들이 있다.

① ἔθνος, ους, τό

② γένος, ους, τό

③ σκότος, ους, τό

1변화 명사는 주로 여성이었고, 2변화 명사는 주로 남성과 중성이었다. 그러나 3변화 명사에는 남성, 여성, 중성 명사들이 다 포함되어 있다.

O. 확인 퀴즈

1. 다음 중 3변화 명사 πόλις의 단수 대격을 골라 보시오.

① πόλιν ② πόλεως ③ πόλει ④ πόλεις

2. 다음 중 3변화 명사 ἄρχων의 단수 속격을 골라 보시오.

① ἄρχοντος ② ἄρχοντες ③ ἄρχοντι ④ ἄρχουσι

3. 다음 중 3변화 명사 πνεῦμα의 단수 여격을 골라 보시오.

① πνεύματος ② πνεύματι ③ πνεύμασι ④ πνεύματα

4. 다음 중 3변화 명사 ὄρος 의 단수 속격을 골라 보시오.

① ὄρου   ② ὄρους   ③ ὄρει   ④ ὄρη

5. 다음 중 3변화 명사 πατήρ 의 단수 대격을 골라 보시오.

① πατρός   ② πατρί   ③ πατέρα   ④ πατράσι

정답 | 1. ① 2. ① 3. ② 4. ② 5. ③

 낱말 익힘

παραλαμβάνω	데려가다	ὑπομονή, ἡ	인내, 견딤
ὑψηλός, ή, όν	높은	ἐλπίς, ιδος, ἡ	희망, 소망
μετανοία, ἡ	회개	πνεῦμα, ατος, τό	영(spirit), 성령, 숨
καταβαίνω	내려가다	γλῶσσα, ἡ	혀
μνημονεύω	(+속격) 기억하다	τότε	(부사) 그때에
πίστις, εως, ἡ	믿음	λίαν	(부사) 매우
κόπος, ὁ	수고, 노력	ἀπό	(전치사) + 속격, ~로부터
μέλος, ους, τό	지체(member)	ἄφεσις, έσεως, ἡ	용서, 풀어줌
βάπτισμα, ματος, τό	세례	νύξ, νυκτός, ἡ	밤
ἡγεμών, όνος, ὁ	총독, 관리	βασιλεύς, έως, ὁ	왕, 임금
πάλιν	(부사) 다시(again)	αὐλητής, οῦ, ὁ	피리 부는 사람
γραμματεύς, έως, ὁ	율법학자	ὄχλος, ὁ	무리, 군중
παραβαίνω	어기다, 엇나가다	παράδοσις, εως, ἡ	전승, 넘겨줌
πρεσβύτερος, α, ον	나이 든, 원로의	μαρτύριον, τό	증언, 증거
ἔθνος, ους, τό	민족, 다른 민족	σῶμα, ματος, τό	몸 (body)
ὄρος, ους, τό	산 (mountain)	νεκρός, ά, όν	죽은 (dead)
χωρίς	(부사 or 전치사) +속격, ~ 없이(without)		

54

1. καὶ εὐθὺς τὸ πνεῦμα αὐτὸν ἐκβάλλει εἰς τὴν ἔρημον. (막 1:12)

2. τότε παραλαμβάνει αὐτὸν ὁ διάβολος εἰς τὴν ἁγίαν πόλιν. (마 4:5)

3. Πάλιν παραλαμβάνει αὐτὸν ὁ διάβολος εἰς ὄρος ὑψηλὸν λίαν. (마 4:8)

4. κηρύσσει βάπτισμα μετανοίας εἰς ἄφεσιν ἁμαρτιῶν. (막 1:4)

5. ὁ Ἰησοῦς καταβαίνει ἀπὸ τοῦ ὄρους.

6. μνημονεύω ὑμῶν τοῦ ἔργου τῆς πίστεως καὶ τοῦ κόπου τῆς ἀγάπης καὶ τῆς ὑπομονῆς τῆς ἐλπίδος. (살전 1:3 참조)

7. ὁ Ἰησοῦς ἦλθεν εἰς τὴν οἰκίαν τοῦ ἄρχοντος καὶ εἶδεν τοὺς αὐλητὰς καὶ τὸν ὄχλον. (마 9:23 참조)

8. ἡ γλῶσσα μικρὸν μέλος ἐστίν. (약 3:5 참조)

9. νυκτὸς καὶ ἡμέρας ἐκηρύξαμεν εἰς ὑμᾶς τὸ εὐαγγέλιον τοῦ θεοῦ. (살전 2:9 참조)

10. γραμματεῖς λέγουσι· οἱ μαθηταί σου παραβαίνουσιν τὴν παράδοσιν τῶν πρεσβυτέρων. (마 15:1–2 참조)

11. ἤγαγον ἡμᾶς ἐπὶ ἡγεμόνας καὶ βασιλεῖς εἰς μαρτύριον αὐτοῖς καὶ τοῖς ἔθνεσιν. (마 10:18 참조)

12. τὸ σῶμα χωρὶς πνεύματος νεκρόν ἐστιν. ἡ πίστις χωρὶς ἔργων νεκρά ἐστιν. (약 2:26)

13. εἶπεν αὐτῇ ὁ Ἰησοῦς· ἐγὼ εἰμι ἡ ἀνάστασις καὶ ἡ ζωή. (요 11:25)

14. ὁ Ἰησοῦς ἀναβαίνει εἰς τὸ ὄρος καὶ διδάσκει τὸν ὄχλον.

μάθημα

11

단축동사 (contract verb)

1. 단축동사의 정의

동사는 가장 일반적으로 $-\omega$로 끝난다. 지금까지 우리는 그런 모양의 동사들을 익혀 왔다. (예 $\lambda\acute{u}\omega$, $\beta\lambda\acute{\epsilon}\pi\omega$, $\pi\iota\sigma\tau\epsilon\acute{u}\omega$, $\lambda\alpha\mu\beta\acute{\alpha}\nu\omega$, $\gamma\rho\acute{\alpha}\phi\omega$, $\lambda\acute{\epsilon}\gamma\omega$ 등)

그러나 그밖에도 $-\;\omega$, $-\;\omega$, $-\;\omega$로 끝나는 동사들도 있다. 이런 동사들은 $-\omega$로 끝나는 동사와는 달리 어간이 모음으로 끝난다. 이때 어간의 마지막 모음은 인칭어미에 들어 있는 모음과 축약(단축, contraction)을 하게 된다.

그렇게 축약(단축)이 일어나는 동사를 '단축(=축약)동사'라고 하는데, $-\;\omega$, $-\;\omega$, $-\;\omega$의 세 가지 유형이 있다. 아래에서 그 축약이 어떻게 일어나는지 유형별로 살펴보기로 하자.

2. $\dot{\alpha}\gamma\alpha\pi$ (내가 사랑한다) 동사의 변화형

1	$(\dot{\alpha}\gamma\alpha\pi +)$		$(\dot{\alpha}\gamma\alpha\pi + \mu\epsilon\nu)$
	$\dot{\alpha}\gamma\alpha\pi$		$\dot{\alpha}\gamma\alpha\pi\;\mu\epsilon\nu$
2	$(\dot{\alpha}\gamma\alpha\pi +)$		$(\dot{\alpha}\gamma\alpha\pi + \tau\epsilon)$
	$\dot{\alpha}\gamma\alpha\pi$		$\dot{\alpha}\gamma\alpha\pi\;\tau\epsilon$
3	$(\dot{\alpha}\gamma\alpha\pi +)$		$(\dot{\alpha}\gamma\alpha\pi + \sigma\iota)$
	$\dot{\alpha}\gamma\alpha\pi$		$\dot{\alpha}\gamma\alpha\pi\;\sigma\iota$

중요한 단축 규칙으로 다음 2가지를 꼭 기억할 필요가 있다.

① $\alpha + o / \omega = \omega$

② $\alpha + \epsilon = \alpha$

2인칭과 3인칭 단수에서는 축약이 일어난 뒤에 남은 ι(이오타)가 α 아래로 들어가 이오타하기가 되었다. 이오타 하기(subscript)에는 α, η, ω 등 3가지가 있다. 3인칭 복수에서는 υ이 떨어져 나갔다.

악센트는 축약되기 전에 두 모음 가운데 하나에 있었으므로, 축약된 뒤에도 축약된 모음에 오게 된다. 그런데 축약된 모음은 장모음이 되었고, 마지막 음절에 올 때 써컴플렉스 악센트로 바뀐다. 복수형의 경우에는 모두 마지막 모음(얼티마)이 짧고, 악센트가 피널트 위치의 장모음 위에 오게 되므로 써컴플렉스 악센트로 바뀐다. 악센트의 일반 규칙에서, 얼티마가 짧고 피널트의 모음이 장모음인 경우에, 피널트에 악센트가 오게 되면 그 악센트는 써컴플렉스가 되어야 하기 때문이다.

3. φιλ (내가 좋아한다) 동사의 변화형

έω

1	(φιλ +)	φιλ	(φιλ + μεν)
			φιλ ⌢μεν
2	(φιλ +)	φιλ	(φιλ + τε)
			φιλ τε
3	(φιλ +)	φιλ	(φιλ + σι)
			φιλ σι

중요한 단축 규칙으로 다음 3가지를 꼭 기억할 필요가 있다.

① ε + ω = ω

② ε + ε = ει

③ ε + ο = ου

2인칭과 3인칭 단수에서는 축약이 일어난 뒤에 남은 ι(이오타)가 축약된 모음에 흡수되었다. 1인칭 복수와 3인칭 복수에서는 위의 규칙 ③에 따라 축약되었다.

악센트는 축약되기 전에 두 모음 가운데 하나에 있었으므로, 축약된 뒤에도 축약된 모음에 오게 된다. 그런데 축약된 모음은 장모음이 되었고, 마지막 음절에 올 때 써컴플렉스 악센트로 바뀐다. 복수형의 경우에는 모두 마지막 모음(얼티마)이 짧고, 악센트가 피널트 위치의 장모음 위에 오게 되므로 써컴플렉스 악센트로 바뀐다.

4. δηλ (내가 드러낸다) 동사의 변화형

όω

1	(δηλ +)	δηλ	(δηλ + μεν)
			δηλ μεν
2	(δηλ +)	δηλ	(δηλ + τε)
			δηλ τε
3	(δηλ +)	δηλ	(δηλ + σι)
			δηλ ⌢σι

중요한 단축 규칙으로 다음 4가지를 잘 기억할 필요가 있다.

① o + ω = ω

② o + ει = οι

③ o + o = ου

④ o + ε = ου

2인칭과 3인칭 단수에서는 위의 규칙 ②에 따라 축약되었다. 규칙 ④에 따라 축약이 먼저 일어나고 이오타가 이오타하기로 가는 식으로 변화하지 않은 것에 주의하라!

악센트는 축약되기 전에 두 모음 가운데 하나에 있었으므로, 축약된 뒤에도 축약된 모음에 오게 된다. 그런데 축약된 모음은 장모음이 되었고, 마지막 음절에 올 때 써컴플렉스 악센트로 바뀐다. 복수형의 경우에는 모두 마지막 모음(얼티마)이 짧고, 악센트가 피널트 위치의 장모음 위에 오게 되므로 써컴플렉스 악센트로 바뀐다.

5. ‐ ω, ‐ ω, ‐ ω 동사에 시제 접미어가 덧붙을 때

‐ ω, ‐ ω, ‐ ω 동사에 미래 시제를 나타내는 접미어 σ나 단순과거 시제를 나타내는 접미어 σα가 덧붙을 때, 그 시제 접미어 앞에서 어근의 모음 α, ε, o는 길어진다.

ⓔ φιλ ω → φιλ σω, ἐφίλ σα

　　 ποι ω → ποι σω, ἐποί σα

　　 ἀγαπάω → ἠγάπ σα

καλ ω 동사는 예외적으로 위의 규칙을 따르지 않는다. (→ ἐκάλ σα)

ㅇ.

1. 다음 중 축약동사 ἀγαπάω의 현재 2인칭 단수형을 골라 보시오.

　　① ἀγαπῶ　　② ἀγαπᾷ　　③ ἀγαπᾷς　　④ ἀγαπῶμεν

2. 다음 중 축약동사 φιλέω의 현재 1인칭 복수형을 골라 보시오.

　　① φιλοῦμεν　　② φιλεῖτε　　③ φιλεῖς　　④ φιλοῦσι

3. 다음 중 축약동사 δηλόω의 현재 3인칭 복수형을 골라 보시오.

　　① δηλῶ　　② δηλοῖς　　③ δηλοῖ　　④ δηλοῦσι

4. 다음 중 축약동사 φιλέω의 단순과거 2인칭 복수형을 골라 보시오.

① ἐφίλησας ② ἐφίλεσας ③ ἐφιλήσατε ④ ἐφιλέσατε

5. 다음 중 축약동사 ἀγαπάω의 단순과거 1인칭 단수형을 골라 보시오.

① ἀγάπησα ② ἠγάπησα ③ ἀγάπασα ④ ἠγάπασα

정답 | **1.** ③ **2.** ① **3.** ④ **4.** ③ **5.** ②

 낱말 익힘

ἀγαπάω	사랑하다	ὀφείλω	(+부정사) ~하는 것이 당연하다(be obliged to)
ἐρωτάω	질문하다, 요청하다	θεωρέω	자세히 보다, 관상하다
μισέω	미워하다	ψυχή, ῆς, ἡ	목숨, 숨, 영혼
οἰκέω	거주하다, 집을 두고 살다	σάρξ, κός, ἡ	살(flesh)
φιλέω	좋아하다	πρῶτος, η, ον	첫째의(first)
ποιέω	행하다, 만들다 (do, make)	ἀρχιερεύς, εως, ὁ	대제사장
τηρέω	지키다, 유의하다	τί, τίνος	의문사(what, which),
δηλόω	나타내다	τί	왜(why)
κοινωνέω	공유하다	ἀγαπητός, ή, όν	사랑받은, 사랑하는
μακροθυμέω	참다	οὕτως	이렇게, 이와 같이
φανερόω	밝히 드러내다	θέλημα, ατος, τό	뜻, 바라는 것
ἀκολουθέω	따르다, 따라가다 (+여격)	αἰών, ῶνος, ὁ	영원, 세대
μετανοέω	회개하다	πονηρός, ά, όν	사악한, 못된
ἀφίημι	내버려두다, 용서하다	πορνεία, ας, ἡ	음란한 짓, 음행
καλέω	부르다, 초대하다	οὐδείς, οὐδεμία, οὐδέν	nobody, no one (아무도)
θέλω	(+부정사) 바라다, 원하다	ἀλληλῶν	서로 (상호대명사)

1. μισεῖ τὴν ψυχὴν ἡ σάρξ· ἡ ψυχὴ ἀγαπᾷ σάρκα.

2. οἰκεῖ ἐν τῷ σώματι ψυχή.

3. λέγει τῷ Σίμωνι Πέτρῳ ὁ Ἰησοῦς· ἀγαπᾷς με; λέγει αὐτῷ·
   κύριε, σὺ γινῴκεις ὅτι φιλῶ σε. (요 21:15 참조)

4. ὁ θεὸς ἠγάπησεν ἡμᾶς καὶ ἀπέστειλεν τὸν υἱὸν αὐτοῦ.
   (요1서 4:10-11 참조)

5. ἡμεῖς ἀγαπῶμεν, ὅτι αὐτὸς πρῶτος ἠγάπησεν ἡμᾶς.
   (요1서 4:19 참조)

6. ὁ Ἰησοῦς ἠρώτησεν τὸν ἀρχιερέα· τί με ἐρωτᾷς; (요 18:19, 21 참조)

7. ποιοῦμεν τὴν ἀληθείαν. (요1서 1:6)

8. σὺ τηρεῖς τὴν ἐντολὴν τοῦ κυρίου. (요1서 1:6 참조)

9. ὁ δὲ ποιῶν τὸ θέλημα τοῦ θεοῦ μένει εἰς τὸν αἰῶνα.
   (요1서 2:17)

10. ὅταν τὰ πνεύματα τὰ ἀκάθαρτα αὐτόν ἐθεώρουν, προσέπιπτον
    αὐτῷ. (막 3:11)

11. τὰς ἐντολὰς αὐτοῦ τηροῦμεν καὶ ποιοῦμεν. (요1서 3:22 참조)

12. κοινωνεῖ τοῖς ἔργοις αὐτοῦ τοῖς πονηροῖς. (요2서 1:11)

13. οὐδεὶς ἐξ ὑμῶν ποιεῖ τὸν νόμον. (요 7:19)

14. ἀγάπη μακροθυμεῖ. (고전 13:4)

15. ὁ θεὸς γὰρ ἐφανέρωσεν. (롬 1:19)

16. καὶ εὐθὺς ἐκάλεσεν αὐτούς. (막 1:20)

17. καὶ εὐθὺς ἀφέντες[21] τὰ δίκτυα ἠκολούσαν αὐτῷ. (막 1:18)

18. γινώσκομεν ὅτι ἀγαπῶμεν τὰ τέκνα τοῦ θεοῦ. (요 1서 5:2)

19. Ἀγαπητοί, εἰ οὕτως ὁ θεὸς ἠγάπησεν ἡμᾶς, καὶ ἡμεῖς
    ὀφείλομεν ἀλλήλους ἀγαπᾶν. (요1서 4:11)

20. καὶ οὐ θέλει μετανοῆσαι ἐκ τῆς πορνείας αὐτῆς. (계 2:21)

---

21) ἀφέντες - ἀφίημι 동사의 단순과거 분사 (= ~를 버려두고)

3변화 형용사와 형용사의 비교급
πα̂ς, πα̂σα, πα̂ν 형용사

1. $\pi\hat{\alpha}\varsigma$, $\pi\hat{\alpha}\sigma\alpha$, $\pi\hat{\alpha}\nu$ (모든, all) 형용사 변화형

격						
주격		$\pi\acute{\alpha}\nu\tau\epsilon\varsigma$		$\pi\hat{\alpha}\sigma\alpha\iota$		$\pi\acute{\alpha}\nu\tau\alpha$
속격	$\pi\alpha\nu\tau\acute{o}\varsigma$	$\pi\acute{\alpha}\nu\tau\omega\nu$	$\pi\acute{\alpha}\sigma\eta\varsigma$	$\pi\alpha\sigma\hat{\omega}\nu$	$\pi\alpha\nu\tau\acute{o}\varsigma$	$\pi\acute{\alpha}\nu\tau\omega\nu$
여격	$\pi\alpha\nu\tau\acute{\iota}$	$\pi\hat{\alpha}\sigma\iota(\nu)$	$\pi\acute{\alpha}\sigma\eta$	$\pi\acute{\alpha}\sigma\alpha\iota\varsigma$	$\pi\alpha\nu\tau\acute{\iota}$	$\pi\hat{\alpha}\sigma\iota(\nu)$
대격	$\pi\acute{\alpha}\nu\tau\alpha$	$\pi\acute{\alpha}\nu\tau\alpha\varsigma$	$\pi\hat{\alpha}\sigma\alpha\nu$	$\pi\acute{\alpha}\sigma\alpha\varsigma$	$\pi\hat{\alpha}\nu$	$\pi\acute{\alpha}\nu\tau\alpha$

※ 남성형과 중성형은 3변화를 따르고, 여성형은 1변화를 따른다.

2. $\pi o\lambda\acute{u}\varsigma$, $\pi o\lambda\lambda\acute{\eta}$, $\pi o\lambda\acute{u}$ (많은, many, much) 형용사 변화형

격						
주격		$\pi o\lambda\lambda o\acute{\iota}$		$\pi o\lambda\lambda\alpha\acute{\iota}$		$\pi o\lambda\lambda\acute{\alpha}$
속격	$\pi o\lambda\lambda o\hat{u}$	$\pi o\lambda\lambda\hat{\omega}\nu$	$\pi o\lambda\lambda\hat{\eta}\varsigma$	$\pi o\lambda\lambda\hat{\omega}\nu$	$\pi o\lambda\lambda o\hat{u}$	$\pi o\lambda\lambda\hat{\omega}\nu$
여격	$\pi o\lambda\lambda\hat{\omega}$	$\pi o\lambda\lambda o\hat{\iota}\varsigma$	$\pi o\lambda\lambda\hat{\eta}$	$\pi o\lambda\lambda\alpha\hat{\iota}\varsigma$	$\pi o\lambda\lambda\hat{\omega}$	$\pi o\lambda\lambda o\hat{\iota}\varsigma$
대격	$\pi o\lambda\acute{u}\nu$	$\pi o\lambda\lambda o\acute{u}\varsigma$	$\pi o\lambda\lambda\acute{\eta}\nu$	$\pi o\lambda\lambda\acute{\alpha}\varsigma$	$\pi o\lambda\acute{u}$	$\pi o\lambda\lambda\acute{\alpha}$

※ 1, 2변화 형용사와 큰 틀에서 비슷하지만, 남성 단수 주격/대격과 중성 단수 주격/대격 변화에 주의할 필요가 있다.

3. $\mu\acute{\epsilon}\gamma\alpha\varsigma$, $\mu\epsilon\gamma\acute{\alpha}\lambda\eta$, $\mu\acute{\epsilon}\gamma\alpha$ (큰, 위대한, big, great) 형용사 변화형

격						
주격		$\mu\epsilon\gamma\acute{\alpha}\lambda o\iota$		$\mu\epsilon\gamma\acute{\alpha}\lambda\alpha\iota$		$\mu\epsilon\gamma\acute{\alpha}\lambda\alpha$
속격	$\mu\epsilon\gamma\acute{\alpha}\lambda o\upsilon$	$\mu\epsilon\gamma\acute{\alpha}\lambda\omega\nu$	$\mu\epsilon\gamma\acute{\alpha}\lambda\eta\varsigma$	$\mu\epsilon\gamma\acute{\alpha}\lambda\omega\nu$	$\mu\epsilon\gamma\acute{\alpha}\lambda o\upsilon$	$\mu\epsilon\gamma\acute{\alpha}\lambda\omega\nu$
여격	$\mu\epsilon\gamma\acute{\alpha}\lambda\omega$	$\mu\epsilon\gamma\acute{\alpha}\lambda o\iota\varsigma$	$\mu\epsilon\gamma\acute{\alpha}\lambda\eta$	$\mu\epsilon\gamma\acute{\alpha}\lambda\alpha\iota\varsigma$	$\mu\epsilon\gamma\acute{\alpha}\lambda\omega$	$\mu\epsilon\gamma\acute{\alpha}\lambda o\iota\varsigma$
대격	$\mu\acute{\epsilon}\gamma\alpha\nu$	$\mu\epsilon\gamma\acute{\alpha}\lambda o\upsilon\varsigma$	$\mu\epsilon\gamma\acute{\alpha}\lambda\eta\nu$	$\mu\epsilon\gamma\acute{\alpha}\lambda\alpha\varsigma$	$\mu\acute{\epsilon}\gamma\alpha$	$\mu\epsilon\gamma\acute{\alpha}\lambda\alpha$
호격	$\mu\epsilon\gamma\acute{\alpha}\lambda\epsilon$	$\mu\epsilon\gamma\acute{\alpha}\lambda o\iota$	$\mu\epsilon\gamma\acute{\alpha}\lambda\eta$	$\mu\epsilon\gamma\acute{\alpha}\lambda\alpha\iota$	$\mu\acute{\epsilon}\gamma\alpha$	$\mu\epsilon\gamma\acute{\alpha}\lambda\alpha$

※ 1, 2변화 형용사와 큰 틀에서 비슷하지만, 남성 단수 주격/대격과 중성 단수 주격/대격 변화에 주의할 필요가 있다.

4. 3변화 형용사의 두 가지 중요한 변화 유형

❶ ἀληθής, ές 참된

주격	ἀληθής	ἀληθεῖς	ἀληθής	ἀληθῆ
속격	ἀληθοῦς	ἀληθῶν	ἀληθοῦς	ἀληθῶν
여격	ἀληθεῖ	ἀληθέσι(ν)	ἀληθεῖ	ἀληθέσι(ν)
대격	ἀληθῆ	ἀληθεῖς	ἀληθές	ἀληθῆ
호격	ἀληθές	ἀληθεῖς	ἀληθές	ἀληθῆ

※ 남성과 여성형은 모양이 같고, 중성형만 다르다. 1,2변화 형용사와 달리 이렇게 어미가 두 가지로 이루어진 형용사를 two-ending 형용사라고 한다.

❷ μείζων, μεῖζον 더 큰

주격	μείζων	μείζονες (μείζους)	μεῖζον	μείζονα (μείζω)
속격	μείζονος	μειζονων	μείζονος	μειζονων
여격	μείζονι	μείζοσι(ν)	μείζονι	μείζοσι(ν)
대격	μείζονα	μείζονας (μείζους)	μεῖζον	μείζονα (μείζω)

5. 3변화 형용사의 구성 원리

❶ 3변화 형용사는 위의 표에서 볼 수 있듯이, 남성과 여성은 같은 모양이고 중성에서만 모양이 달라진다. (참고. 1, 2변화 형용사는 남성, 여성, 중성의 모양이 각각 달랐다.)

❷ 실제 텍스트에서는 이런 3변화 명사와 형용사가 매우 많이 쓰이고 있기 때문에, 조금 복잡하더라도 철저히 그 변화형을 익혀 두어야 한다.

6. 형용사의 비교급

❶ 형용사 비교급의 형태는 두 가지이다. 어떤 형용사는 -τερος, α, ον 형식으로 변화하고(1, 2변화형을 따름), 어떤 형용사는 -ιων, ιον 형식으로 변화한다(3변화형을 따름).

형용사의 최상급은 -τατος, η, ον 형식으로 변화하는 것과 -ιστος, η, ον 식으로 변화하는 형식이 있다.

비교의 대상을 나타내는 방식은 두 가지이다.

① 비교의 속격으로 나타내는 방법

　　예 μείζονα ταύτης ἀγάπην οὐδεὶς ἔχει. (요 15:13)

　　→ μείζονα는 μέγας(big)의 비교급이다. 그리고 ταύτης는 단수 속격으로 비교의 대상을 나타내고 있다.

② ἤ (than)로 나타내는 방법

　　예 ἀνεκτό　　　ἔσται γῆ Σοδόμων καὶ Γομόρρων ἐν ἡμέρᾳ κρί σεως　 τῇ πόλει ἐκείνῃ. (마 10:15)

　　→ ἀνεκτό　　은 ἀνεκτός의 비교급이다. (ἀνεκτός, ον 견딜만한, 버틸 수 있는)

○.

1. 다음 중 아래 밑줄 친 부분에 어울리는 형용사형을 골라 보시오.

　　_____ σάρξ 　　　　　　　**힌트** σάρξ는 여성 단수 주격 명사

　　① πᾶς　　　② πᾶσα　　　③ πᾶν　　　④ παντὸς

2. 다음 중 아래 밑줄 친 부분에 어울리는 형용사형을 골라 보시오.

　　_____ ὄχλοι 　　　　　　　**힌트** ὄχλοι는 남성 복수 주격 명사

　　① πολὺς　　　② πολλὴ　　　③ πολλοὶ　　　④ πολλαὶ

3. 다음 중 아래 밑줄 친 부분에 어울리는 형용사형을 골라 보시오.

　　_____ λίθτους 　　　　　　　**힌트** λίθους는 남성 복수 대격 명사

　　① μέγας　　　② μεγάλοις　　　③ μεγάλα　　　④ μεγάλους

4. 다음 중 3변화 형용사 ἀληθής의 단수 속격을 골라 보시오.

① ἀληθεῖ　　② ἀληθῆ　　③ ἀληθοῦς　　④ ἀληθῶν

5. 다음 중 3변화 형용사 μέγας의 비교급 여성 단수 여격을 골라 보시오.

① μείζων　　② μείζονι　　③ μείζονες　　④ μείζονος

6. 다음 중 아래 밑줄 친 부분에 어울리는 형용사형을 골라 보시오.

ὁ πατήρ μού ἐστιν μείζων _____.

① πάντων　　② πᾶσαν　　③ παντί　　④ πάντα

정답 | 1. ② 2. ③ 3. ④ 4. ③ 5. ② 6. ① 힌트 비교 대상은 속격으로 나타낸다.

 낱말 익힘

πᾶς, πᾶσα, πᾶν	모든(all)	ψευδής, ές	거짓의, 거짓말하는
πολύς, πολλή, πολύ	많은(many)	ζητέω	추구하다, 찾다
μέγας, μεγάλη, μέγα	큰(great), 대단한	ἔσχατος, η, ον	맨 끝의, 마지막의
ἀληθής, ές	진리의, 참된	τροφή, ῆς, ἡ	식량, 양식, 음식
μείζων, ον	더 큰(me/gaj의 비교급)	ἔνδυμα, ατος, τό	옷
πλέων, ον	더 많은(polu/j의 비교급)	σεαυτοῦ	2인칭 단수 재귀대명사, 너 자신의
μονογενής, ές	하나뿐인, 독생자의	μαρτυρέω	증언하다
ὥστε	그래서	μαρτυρία, ας, ἡ	증언, 증거
ἐπιπίπτω	~위에 내려오다. 쓰러지다	ὥρα, ας, ἡ	시간
καρδία, ας, ἡ	마음(heart)	προσέρχομαι	다가가다
εὑρίσκω	발견하다, 찾다 (제2단순과거, eu=(ron)	ἄρα	그래서, 결과적으로
χαρά, ᾶς, ἡ	기쁨		

1. πᾶσα ἀδικία ἁμαρτία ἐστίν. (요1서 5:17)

2. μείζων ἐστὶν ὁ ἐν ὑμῖν ἢ ὁ ἐν τῷ κόσμῳ. (요1서 4:4)

3. πᾶς ὁ δίκαιος ἁμαρτίαν οὐ ποιεῖ. (요1서 3:9 참조)

4. τὸν υἱὸν αὐτοῦ τὸν μονογενῆ ἀπέστειλεν ὁ θεὸς εἰς τὸν κόσμον. (요1서 4:9 참조.)

5. πολλοὺς ἐθεράπευσεν ὥστε ἐπιπίπτειν αὐτῷ. (막 3:10)

6. μείζων ἐστὶν ὁ θεὸς τῆς καρδίας ἡμῶν καὶ γινώκει πάντα. (요1서 3:20)

7. οὐκ εἰσὶν οἱ ἀπόστολοι καὶ εὗρες αὐτοὺς ψευδεῖς. (계 2:2 참조)

8. λέγουσιν αὐτῷ ὅτι πάντες ζητοῦσίν σε. (막 1:37)

9. τὰ ἔργα σου τὰ ἔσχατα πλείονα τῶν πρώτων. (계 2:19)

10. οὐχὶ ἡ ψυχὴ πλεῖόν ἐστιν τῆς τροφῆς καὶ τὸ σῶμα τοῦ ἐνδύματος; (마 6:25)

11. Σὺ περὶ σεαυτοῦ μαρτυρεῖς· ἡ μαρτυρία σου οὐκ ἔστιν ἀληθής. (요 8:13 참조)

12. Ἐν ἐκείνῃ τῇ ὥρᾳ προσῆλθον οἱ μαθηταὶ τῷ Ἰησοῦ λέγοντες· τίς ἄρα μείζων ἐστὶν ἐν τῇ βασιλείᾳ τῶν οὐρανῶν. (마 18:1)

13. καὶ ἡ μήτηρ αὐτοῦ διετήρει πάντα τὰ ῥήματα ἐν τῇ καρδίᾳ αὐτῆς. (눅 2:51)

14. ὁ δὲ μικρότερος ἐν τῇ βασιλείᾳ τοῦ θεοῦ μείζων αὐτοῦ ἐστιν. (눅 7:28)

15. σὺ ποιήσει μείζονα τούτων ἔργα. (요5:20 참조)

16. ἐγὼ δὲ ἔχω τὴν μαρτυρίαν μείζω τοῦ Ἰωάννου. (요5:36 참조)

17. ἐγένετο[22] δὲ πολλὴ χαρὰ ἐν τῇ πόλει ἐκείνῃ. (행 8:8)

---

22) ἐγένετο, γίνομαι 동사의 제2단순과거 (~이 생겼다)

μάθημα

13

능동태 분사

1. 현재 능동태 분사의 변화형

주격	λύ	λύ	λύ	λύ	λύ	λύ
속격	λύ	λυ	λυ	λυ	λύ	λυ
여격	λύ	λύ	λυ	λυ	λύ	λύ
대격	λύ	λυ	λύ	λυ	λύ	λύ

2. 단순과거 능동태 분사의 변화형

주격	λύ	λύ	λύ	λύ	λύ	λύ
속격	λύ	λυ	λυ	λυ	λυ	λυ
여격	λύ	λύ	λυ	λυ	λυ	λύ
대격	λύ	λύ	λύ	λυ	λύ	λυ

3. 제2단순과거 εἶδον (I see) 동사의 능동태 분사 변화형

주격	ἰδ	ἰδ	ἰδ	ἰδ	ἰδ	ἰδ
속격	ἰδ	ἰδ	ἰδ	ἰδ	ἰδ	ἰδ
여격	ἰδ	ἰδ	ἰδ	ἰδ	ἰδ	ἰδ
대격	ἰδ	ἰδ	ἰδ	ἰδ	ἰδ	ἰδ

4. 분사의 구성 원리

분사는 동사 현재형의 어간(λυ-)에 각각 - ,- , - 을 붙여서 남성, 여성, 중성 단수 주격 형태를 만든다.(단순과거 분사의 모양은 위 표를 참조하라.)

분사는 형용사처럼 성, 수, 격에 따라 어미변화를 하는데, 남성에서는 3변화 명사 ἄρχων의 방식을 따라 변하고, 여성에서는 1변화 명사 δόξα의 방식을 따라 변화한다.

3변화 명사 ἄρχ____, ἄρχ____, ὁ (통치자, 지배자) 변화형.

1변화 명사 δόξα, δόξης, ἡ (영광) 변화형.

주격	ἄρχ	ἄρχ	δόξ	δόξ
속격	ἄρχ	ἄρχ	δόξ	δόξ
여격	ἄρχ	ἄρχ	δόξ	δόξ
대격	ἄρχ	ἄρχ	δόξ	δόξ
호격	ἄρχ	ἄρχ	δόξ	δόξ

중성은 어미가 ― 으로 끝나며, 어미변화는 남성과 비슷하게 3변화를 따른다. 중성명사는 주격과 대격의 형태가 늘 똑같다.

5. 분사의 기능과 용법

분사는 동사의 기능과 형용사의 기능을 함께 가진다. 따라서 형용사처럼 성, 수, 격에 따라 어미변화를 하고, 동사처럼 목적어를 취할 수 있다.

분사는 형용사처럼 자신이 수식하거나 설명해 주는 대상과 성, 수, 격이 일치해야 한다.

분사는 형용사처럼 한정적, 서술적, 독립적 용법으로 쓰일 수 있다.

1 서술적 용법의 예문

ἦλθεν ὁ Ἰησοῦς εἰς τὴν Γαλιλαίαν κηρύσσ___ τὸ εὐαγγέλιον τοῦ θεοῦ.
(막 1:14)

이 구절에서 κηρύσσων은 κηρύσσω(선포하다) 동사의 현재분사 남성, 단수, 주격이다. 이 문장에서 주어인 ὁ Ἰησοῦς(남성, 단수, 주격)의 행동을 보충적으로 설명해 주기 때문에, 주어의 성, 수, 격에 맞추어 남성, 단수, 주격 모양을 하고 있다. 한편, κηρύσσων은 동사적 기능도 갖고 있기 때문에 τὸ εὐαγγέλιον τοῦ θεοῦ(하나님의 복음)을 목적으로 취하고 있다.

한정적 용법의 예문

'Ιησοῦς κηρύσσων τὸ εὐαγγέλιον τοῦ θεοῦ ἦλθεν εἰς τὴν Γαλιλαίαν.

위 예문 ①과 다른 점은 분사 κηρύσσων 앞에 남성, 단수, 주격 관사 ὁ가 있다는 점이
다. 이 관사 ὁ는 뒤에 나오는 분사가 앞에 나온 남성 단수 주격 명사인 ὁ 'Ιησοῦς를
한정하고 있다는 표시에 해당한다. 따라서 여기서 분사 κηρύσσων은 예수님을 곧바로
수식하면서 '하나님의 복음을 선포하시는 예수님'을 뜻한다. 이것은 위의 예문 ①에서 같
은 분사 κηρύσσων이 서술적으로 쓰여 예수님이 하신 일을 보충적으로 풀어 설명해
주는 기능을 수행한 것과 다르다.
(🔵 τὴν ἀλήθειαν τὴν μένουσαν ἐν ἡμῖν. 요2서 1:2)

3 **독립적 용법의 예문**

ὁ γινώσκων τὸν θεὸν ἀκούει ἡμῶν. (요1서 4:6)

여기서 γινώσκων은 γινώσκω(알다) 동사의 현재분사 남성, 단수, 주격이다. 분사는
동사적 기능을 병행하기 때문에 목적어 τὸν θεὸν(하나님)을 취할 수 있다. 그런데 이 구
절에서 분사 γινώσκων은 다른 어떤 명사나 대명사를 수식하지 않고 그 앞에 관사
ὁ만 취하여 혼자서 독립적으로 쓰였다. 이런 경우, 형용사의 독립적 용법에서처럼
ὁ γινώσκων은 그 행위를 하는 사람을 뜻하게 된다.

6. εἰμί 동사의 현재분사 변화형

주격	ὤν	ὄντες	οὖσα	οὖσαι	ὄν	ὄντα
속격	ὄντος	ὄντων	οὔσης	οὐσῶν	ὄντος	ὄντων
여격	ὄντι	οὖσι(ν)	οὔσῃ	οὔσαις	ὄντι	οὖσι(ν)
대격	ὄντα	ὄντας	οὖσαν	οὔσας	ὄν	ὄντα
호격	ὤν	ὄντες	οὖσα	οὖσαι	ὄν	ὄντα

※ 위 **1.**과 비교해 보면, λύω 동사의 현재분사 어미로 쓰였던 모양이 εἰμί 동사의 현재분사 꼴이라는 것을 쉽게 알 수
있다.

 확인 퀴즈

1. 다음 중 λύω 동사의 능동태 현재 분사 남성 단수 속격을 골라 보시오.

① λύων   ② λύοντος

③ λύοντα   ④ λύοντι

2. 다음 중 λύω 동사의 능동태 단순과거 분사 여성 복수 여격을 골라 보시오.

① λύσαντος   ② λύσασα

③ λύσασι   ④ λυσάσαις

3. 다음 중 아래 밑줄 친 부분에 어울리는 형용사형을 골라 보시오.

ὁ _____ τὸ εὐαγγέλιον

① κηρύσσων   ② κηρύσσοντι

③ κηρύσσοντα   ④ κηρύσσοντος

4. 다음 중 제2단순과거 εἶδον 동사의 능동태 분사 중성 단수 여격을 골라 보시오.

① ἰδόντος   ② ἰδοῦσα

③ ἰδόντι   ④ ἰδόντα

5. 다음 중 아래 밑줄 친 부분에 어울리는 형용사형을 골라 보시오.

τὴν ἀλήθειαν τὴν _____ ἐν ἡμῖν

① μένοντα   ② μένον

③ μένοντα   ④ μένουσαν

정답 | 1. ② 2. ④ 3. ① 4. ③ 5. ④

ἁμαρτάνω	죄짓다	εἰσέρχομαι	들어가다
πατήρ, τρός, ὁ	아버지	κοράσιον, ου, τό	소녀
ὁμολογέω	고백하다, 인정하다	θορυβέω	수선을 떨다
σκοτία, ἡ	어둠	καθεύδω	잠을 자다
ἀδελφός, οῦ, ὁ	형제	νίκη, ης, ἡ	승리
ἰσχύω	강하다, 건강하다	νικάω	승리하다
ἰατρός, οῦ, ὁ	의사	χρεία, ας, ἡ	필요, 부족
αὐτός, ή, ὁ	3인칭대명사	φέρω	데려가다, 견디다
μή	(부정어) not (* 직설법에서는 부정어 ou)가 쓰이고, 가정법, 명령법, 분사 등의 부정어는 μή이다.)	ἄλαλος, ον	말을 못하는

1. ὁ μὴ ἀγαπῶν οὐ γινώσκει τὸν θεόν, ὅτι ὁ θεὸς ἀγάπη ἐστίν.
   (요1서 4:8)

2. ὁ ἔχων τὸν υἱὸν ἔχει τὴν ζωήν· ὁ μὴ ἔχων τὸν υἱὸν τοῦ θεοῦ
   τὴν ζωὴν οὐκ ἔχει. (요1서 5:12)

3. ὁ ἐν αὐτῷ μένων οὐχ ἁμαρτάνει. (요1서 3:6)

4. καὶ ὁ μένων ἐν τῇ ἀγάπῃ ἐν τῷ θεῷ μένει καὶ ὁ θεὸς ἐν αὐτῷ
   μένει. (요1서 4:16)

5. ὁ ὁμολογῶν τὸν υἱὸν καὶ τὸν πατέρα ἔχει. (요1서 2:23)

6. ὁ τὸν ἀδελφὸν αὐτοῦ μισῶν ἐν τῇ σκοτίᾳ ἐστίν. (요1서 2:9)

7. ὁ ποιῶν τὸ θέλημα τοῦ πατρός μου εἰσελεύσεται εἰς τὴν
   βασιλείαν τῶν οὐρανῶν. (마 7:21)

8. ὁ ποιῶν τὴν ἁμαρτίαν καὶ τὴν ἀνομίαν ποιεῖ, καὶ ἡ ἁμαρτία
   ἐστὶν ἡ ἀνομία. (요1서 3:4)

9. καὶ τὰ πνεύματα τὰ ἀκάθαρτα, ὅταν αὐτὸν ἐθεώρουν, προσέπιπτον αὐτῷ καὶ ἔκραζον λέγοντες ὅτι Σὺ εἶ ὁ υἱὸς τοῦ θεοῦ. (막 3:11)

10. ὁ τηρῶν τὰς ἐντολὰς αὐτοῦ ἐν αὐτῷ μένει. (요1서 3:24)

11. ὁ Ἰησοῦς ἦλθεν εἰς τὴν οἰκίαν τοῦ ἄρχοντος καὶ ἰδὼν τοὺς αὐλητὰς καὶ τὸν ὄχλον θορυβούμενον, ἔλεγεν· οὐκ ἀπέθανεν τὸ κοράσιον ἀλλὰ καθεύδει. (마 9:23)

12. καὶ ἦν ὁ πατὴρ αὐτοῦ καὶ ἡ μήτηρ θαυμάζοντες. (눅 2:33)

13. καὶ αὕτη ἐστὶν ἡ νίκη ἡ νικήσασα τὸν κόσμον, ἡ πίστις ἡμῶν. (요1서 5:4)

14. ὁ ἔχων τὸν υἱὸν ἔχει τὴν ζωήν· ὁ μὴ ἔχων τὸν υἱὸν τοῦ θεοῦ τὴν ζωὴν οὐκ ἔχει. (요 1서 5:12)

15. ἀκούσας ὁ Ἰησοῦς λέγει αὐτοῖς ὅτι οὐ χρείαν ἔχουσιν οἱ ἰσχύοντες ἰατροῦ ἀλλὰ οἱ κακῶς ἔχοντες. (막 2:17 참조)

16. ὁ θεὸς ἀγάπη ἐστίν, καὶ ὁ μένων ἐν τῇ ἀγάπῃ ἐν τῷ θεῷ μένει καὶ ὁ θεὸς ἐν αὐτῷ μένει. (요1서 4:16)

17. ὁ ποιῶν τὴν ἁμαρτίαν ἐκ τοῦ διαβόλου ἐστίν, ὅτι ἀπ᾽ ἀρχῆς ὁ διάβολος ἁμαρτάνει. (요1서 3:8)

18. διδάσκαλε, ἤνεγκα τὸν υἱόν μου πρός σέ, ἔχοντα πνεῦμα ἄλαλον; (막 9:17)

μάθημα

14

관계대명사, 의문사, 부정대명사

1. 관계대명사 변화형

주격		οἵ		αἵ		ἅ
속격	οὗ	ὧν	ἧς	ὧν	οὗ	ὧν
여격	ᾧ	οἷς	ᾗ	αἷς	ᾧ	οἷς
대격	ὅν	οὕς	ἥν	ἅς	ὅ	ἅ

❶ 관계대명사의 용법은 다른 외국어의 경우와 비슷하다.

❷ 관계대명사는 선행사의 성, 수에 일치해야 한다. 격은 관계대명사 문장 안에서 자신이 수행하는 역할에 따라 달라질 수 있다.

① οὗτός ἐστιν ὁ λόγος ___ ὁ Ἰησοῦς εἶπεν τοῖς μαθηταῖς.

⇒ 관계대명사 ___ 의 선행사는 ὁ λόγος이다. 선행사가 남성, 단수이기 때문에 관계대명사도 남성, 단수여야 한다. 그런데 관계문 안에서 역할은 εἶπεν의 목적어이다. 그래서 대격이 왔다.

② ὁ Ἰησοῦς ἐθεράπευσεν τὸ τέκνον ___ πατὴρ ἦν ὁ ἄρχων.

⇒ 관계대명사 ___ 의 선행사는 τὸ τέκνον이다. 선행사가 중성, 단수이기 때문에 관계대명사도 중성, 단수여야 한다. 그런데 관계문 안에서 역할은 πάτηρ의 소유격이다. 그래서 속격이 왔다.

③ οὐ τηροῦσι τὰς ἐντολὰς ___ ὁ Ἰησοῦς διδάσκει.

⇒ 관계대명사 ___ 의 선행사는 τὰς ἐντολὰς이다. 선행사가 여성, 복수이기 때문에 관계대명사도 여성, 복수여야 한다. 그런데 관계문 안에서 역할은 διδάσκει의 목적어다. 그래서 대격이 왔다.

2. 의문 대명사(who, which, what) 변화형

주격	τίς	τίνες	τί	τίνα
속격	τίνος	τίνων	τίνος	τίνων
여격	τίνι	τίσι(ν)	τίνι	τίσι(ν)
대격	τίνα	τίνας	τί	τίνα

※ 중성 의문 대명사 τί 는 'why'의 뜻으로도 쓰인다.
　　① τί με ζητεῖτε ἀποκτεῖναι; (요 7:19) 당신들은 왜 나를 죽이려고 합니까?
　　② τί ταῦτα ποιεῖτε; (행 14:15) 여러분들은 왜 이런 일들을 하십니까?

3. 부정대명사(someone, something) 변화형

주격	τις	τινές	τι	τινά
속격	τινός	τινῶν	τινός	τινῶν
여격	τινί	τισίν	τινί	τισίν
대격	τινά	τινάς	τι	τινά

생긴 모양에서 의문대명사와 부정대명사의 차이점은 악센트이다.

부정대명사는 정해지지 않은 어떤 사람이나 사물을 가리킬 때 사용된다.

ψεύστης, ου, ὁ	거짓말쟁이	ἐπερωτάω	캐묻다
ἀρνέομαι	부인하다	πλησίος, α, ον	가까이 있는
πλάνη, ης, ἡ	속임수, 미혹	νομικός, ή, ον	율법에 해박한
ἐξέρχομαι	나가다	κληρονομέω	상속받다, 유산을 물려받다
κώμη, ης, ἡ	마을, 촌락		

1. 다음 중 관계대명사 여성 단수 여격을 골라 보시오.

① ὅς   ② ᾗ   ③ οὗ   ④ ἅ

2. 다음 중 의문대명사 남성 단수 대격을 골라 보시오.

① τίς   ② τίνες   ③ τίνας   ④ τίνα

3. 다음 중 아래 밑줄 친 부분에 어울리는 관계대명사를 골라 보시오.

οὗτός ἐστιν ὁ λόγος _____ ὁ Ἰησοῦς εἶπεν τοῖς μαθηταῖς.

① ὅς   ② ὅν   ③ οὗ   ④ ᾧ

4. 다음 중 아래 밑줄 친 부분에 어울리는 관계대명사를 골라 보시오.

οὐ τηροῦσι τὰς ἐντολὰς _____ ὁ Ἰησοῦς διδάσκει.

① ὅς   ② ὅν   ③ ἅς   ④ ἅ

5. 다음 중 아래 밑줄 친 부분에 어울리는 의문대명사를 골라 보시오.

_____ ταῦτα ποιεῖτε; (행 14:15)

① τί   ② τίς   ③ τίνι   ④ τίνα

정답 | 1. ② 2. ④ 3. ② 4. ③ 5. ①

1. γράφω τοῖς τέκνοις οὓς ἐγὼ ἀγαπῶ ἐν ἀληθείᾳ. (요2서 1:1)

2. Ἀγαπητοί, οὐκ ἐντολὴν καινὴν γράφω ὑμῖν ἀλλ' ἐντολὴν παλαιὰν ἣν εἴχετε ἀπ' ἀρχῆς. (요1서 2:7)

3. ἡ ἐντολὴ ἡ παλαιά ἐστιν ὁ λόγος ὃν ἠκούσατε. (요1서 2:7)

4. καὶ πᾶν πνεῦμα ὃ μὴ ὁμολογεῖ τὸν Ἰησοῦν ἐκ τοῦ θεοῦ οὐκ ἔστιν. (요1서 4:3)

5. τίς ἐστιν ὁ ψεύστης εἰ μὴ ὁ ἀρνούμενος ὅτι Ἰησοῦς οὐκ ἔστιν ὁ Χριστός; οὗτός ἐστιν ὁ ἀντίχριστος, ὁ ἀρνούμενος τὸν πατέρα καὶ τὸν υἱόν. (요1서 2:22)

6. εἰ τις ἀγαπᾷ τὸν κόσμον, οὐκ ἔστιν ἡ ἀγάπη τοῦ πατρὸς ἐν αὐτῷ. (요1서 2:15)

7. ὁ γινώσκων τὸν θεὸν ἀκούει ἡμῶν, ὃς οὐκ ἔστιν ἐκ τοῦ θεοῦ οὐκ ἀκούει ἡμῶν. ἐκ τούτου γινώσκομεν τὸ πνεῦμα τῆς ἀληθείας καὶ τὸ πνεῦμα τῆς πλάνης. (요1서 4:6)

8. πᾶς ὁ ποιῶν τὴν ἁμαρτίαν καὶ τὴν ἀνομίαν ποιεῖ, καὶ ἡ ἁμαρτία ἐστὶν ἡ ἀνομία. (요1서 3:4)

9. καὶ ἐν τούτῳ γινώσκομεν ὅτι μένει ἐν ἡμῖν, ἐκ τοῦ πνεύματος οὗ[23)] ἡμῖν ἀπέστειλεν. (요1서 3:24 참조)

10. καὶ ἐξῆλθεν ὁ Ἰησοῦς καὶ οἱ μαθηταὶ αὐτοῦ εἰς τὰς κώμας Καισαρείας τῆς Φιλίππου· καὶ ἐν τῇ ὁδῷ ἐπηρώτα τοὺς μαθητὰς λέγων αὐτοῖς, Τίνα με λέγουσιν οἱ ἄνθρωποι εἶναι; (막 8:27)

11. τίς ἐστίν μου πλησίον; (눅 10:29)

12. νομικός τις λέγει· διδάσκαλε, τί ποιήσας ζωὴν αἰώνιον κληρονομήσω; (눅 10:25 참조)

13. ἐπιστεύσαμεν τὴν ἀγάπην ἣν ἔχει ὁ θεὸς ἐν ἡμῖν. (요1서 4:16 참조)

14. τί τὸ πνεῦμα λέγει ταῖς ἐκκλησίαις; (계 2:11 참조)

15. ἐν τῇ οἰκίᾳ ἐπηρώτησα· τί ἐν τῇ ὁδῷ ἐλέγετε; (막 9:33 참조)

---

23) "attraction" – 선행사가 속격이나 여격일 때, 관계대명사 대격이 와야 할 자리에서 관계대명사가 그 선행사의 격으로 동화되는 현상을 가리킨다.

μάθημα **15**

동사의 중간태(middle), 수동태(passive),
디포넌트(deponent) 동사, 미래 수동태

1. 현재 중간태/수동태 변화형

1인칭	λύ ο μαι		λυ ό μεθα
2인칭	λύ η		λύ ε σθε
3인칭	λύ ε ται		λύ ο νται
부정사		λύ εσθαι	

2. 미래 중간태 변화형과 수동태 변화형

1인칭	λύ ο μαι	λυ ό μεθα	λυ ο μαι	λυ ό μεθα
2인칭	λύ η	λύ ε σθε	λυ η	λυ ε σθε
3인칭	λύ ε ται	λύ ο νται	λύ ε ται	λυ ο νται
부정사		λύ εσθαι		λυ εσθαι

3. 단순과거 동사의 중간태 변화형과 수동태 변화형

1인칭	λυ μην	λυ μεθα	λύ	λύ
2인칭	λύ ω	λύ σθε	λύ	λύ
3인칭	' λύ το	' λύ ντο	λύ	λύ
부정사		λύ σθαι		λυ

4. θ와 결합하는 자음들의 음운 변화 형태

❶ ⟨π, β⟩ + ⟨θ⟩ = ⟨φθ⟩

　　예 λεί ω → ἐλεί ην, τρί ω → ἐτρί ην

❷ ⟨κ, γ, σσ⟩ + ⟨θ⟩ = ⟨χθ⟩

　　예 κηρυ ω → ἐκηρύ ην, ἄ ω → ἤ ην, διδάσ ω → ἐδιδά ην

$$\langle τ, δ, θ \rangle + \langle θ \rangle = \langle σθ \rangle$$

예 βαπτι ω → ἐβαπτι ην, πεί ω → ἐπεί ην

5. 미완료 중간태와 제 2 단순과거 수동태 변화형

1인칭	λυ ό	λυ ό	λαβ ό	λαβ ό
2인칭	λύ	λύ ε	λάβ	λάβ ε
3인칭	λύ ε	λύ ο	λάβ ε	λάβ ο

6. 중간태/수동태 동사의 구성 원리

현재시제의 중간태와 수동태는 모양이 같다.

미래시제와 단순과거시제에서는 중간태와 수동태의 모양이 서로 다르다.

중간태는 주어의 행위 결과가 주어 자신에게 미치는 경우를 표현할 때 사용된다. 그러나 지금 단계에서는 중간태 용법을 따로 연습하지는 않는다. 나중에 실제 본문 연습할 때에 차차 익혀 가면 된다.

1시제와 2시제의 중간태 어미

1인칭	− μαι	− μεθα	− μην	− μεθα
2인칭	− σαι	− σθε	− σο	− σθε
3인칭	− ται	− νται	− το	− ντο

① 1시제의 2인칭 단수 어미는 −σαι이다. 그런데 그 앞에 연결 모음 ε와 축약하는 과정에서 η가 되었다. (λύ + ε + σαι = λύ) * 모음 사이에서 시그마는 생략된다.

② 2시제의 2인칭 단수 어미는 −σο이다. 그런데 단순과거 중간태의 경우 그 앞에 시제 접미어 σα와 축약하는 과정에서 ω가 되었다.

(ἐ + λύ + σα + σο = ἐ λύ σ)

③ 미완료와 제2단순과거 중간태의 2인칭 단수에서도 비슷한 음운 변화가 일어난다.

(ἐ + λύ + ε + σο = ἐ λύ)

⑤ 미래수동태의 특징적인 접미어는 −θησ−이다.

⑥ 단순과거 수동태의 특징적인 접미어는 −θη− 이다.

⑦ 미완료 중간태와 제 2 단순과거 중간태는 그 어근이 서로 다르다.

7. 수동태의 행위자, 수단을 나타내는 법

① 수동태의 행위자가 사람일 경우 그 행위자는 'ὑπό + 속격'으로 나타낸다.

> ⓔ ὁ ἄνθρωπος λύει τὸν οἶκον. (능동태)
>
> → ὁ οἶκος λύεται ὑπὸ τοῦ ἀνθρώπου. (수동태)

② 수동태의 행위를 일으키는 수단이 사람이 아닌 경우 그 행위를 일으키는 수단은 여격으로 나타낸다. 이런 여격을 '수단의 여격(dative of means)'라 한다.

> ⓔ ἄγεται τῷ λόγῳ τοῦ κυρίου.

8. 디포넌트(deponent) 동사

① 디포넌트동사의 정의: 중간태/수동태 형태를 하고 있지만 능동의 의미를 지니는 동사를 디포넌트(deponent) 동사라 한다.

② 예를 들어 ἔρχομαι 동사를 보면, 그 형태는 중간태/수동태 모양을 하고 있다. 그러나 뜻은 '오다(come)'이다. πορεύομαι 동사도 마찬가지이다. 그 형태는 중간태/수동태이지만 뜻은 '가다(go)'이다.

0. 확인 퀴즈

1. 다음 중 λύω 동사의 현재 수동태 2인칭 복수형을 골라 보시오.

① λύομαι ② λύεται ③ λύεσθε ④ λύονται

2. 다음 중 λύω 동사의 단순과거 중간태 1인칭 단수형을 골라 보시오.

① ἐλύσατο ② ἐλυσάμην ③ ἔλυσαν ④ ἐλύσω

3. 다음 중 단순과거 중간태가 아닌 것을 골라 보시오.

① ἐλύσατο   ② ἐλαβόμην   ③ ἐλυόμεθα   ④ ἐλύσαντο

4. 다음 중 λύω 동사의 단순과거 수동태 3인칭 단수형을 골라 보시오.

① ἐλύθην   ② ἐλύσατο   ③ λυθήσεται   ④ ἐλύθη

5. 다음 중 아래 밑줄 친 부분에 어울리는 전치사를 골라 보시오.

ὁ ἄνθρωπος λύει τὸν οἶκον. (능동태)

→ ὁ οἶκος λύεται _____ τοῦ ἀνθρώπου. (수동태)

① εἰς   ② ὑπὸ   ③ ἐν   ④ κατὰ

정답 | 1. ③ 2. ② 3. ③ 4. ④ 5. ②

γίνομαι	생기다, ~이 있다	παῖς, ιδός, ὁ	아이, 종
ἐγενόμην	γίνομαι의 제2단순과거	ἐκεῖνος, η, ο	(지시대명사) 저것(that)
ῥῆμα, τος, τό	말씀, 사건	σχίζω	찢다
ἥλιος, ου, ὁ	태양, 해	ἄνωθεν	위로부터
σκοτίζω	어둡게 하다	ἕως	(+속격) ~(할 때)까지
δύναμις, εως, ἡ	능력, 힘	κάτω	아래로
σαλεύω	흔들다	πορεύομαι	가다(go)
καταπέτασμα, ατος, τό	휘장, 나눔막	ἐπιζητέω	힘써 찾다
ναός, οῦ, ὁ	성소, 성전	σημεῖον, ου, τό	표적, 기적
δύο	(수사) 2, 둘	τυφλός, οῦ, ὁ	시각장애인
λεπρός, ά, όν	심한 피부병에 걸린	ἀποκρίνομαι	대답하다
ὄνομα, ατος, τό	이름	ἄρχω	(+속격) 다스리다
ἕτερος, α, ον	(종류가) 다른	ἄρχομαι	(+부정사) ~하기 시작하다
δεῖ	~하는 것이 필연적이다	ἀποκάλυψις, εως, ἡ	계시, 나타남
ἐπιτιμάω	꾸짖다, 나무라다	παράγω	지나가다

1. καὶ λεπρὸς ἔρχεται πρὸς αὐτόν. (막 1:40)

2. οὐκ ἔστιν ὧδε, ἠγέρθη ἀπὸ τῶν νεκρῶν. (마 28:6–7 참조)

3. οὐδὲ γὰρ ὄνομα ἐστιν ἕτερον ὑπὸ τὸν οὐρανὸν ἐν ᾧ δεῖ σωθῆναι ἡμᾶς. (행 4:12)

4. ὁ Ἰησοῦς ἦλθεν καὶ ἐβαπτίσθη εἰς τὸν Ἰορδάνην ὑπὸ Ἰωάννου. (막 1:9)

5. ἰδὼν δὲ τοὺς ὄχλους ἐσπλαγχνίσθη περὶ αὐτῶν. (마 9:36)

6. καὶ ἐπετίμησεν αὐτῷ ὁ Ἰησοῦς καὶ ἐξῆλθεν ἀπ᾽ αὐτοῦ τὸ δαιμόνιον καὶ ἐθεραπεύθη ὁ παῖς ἀπὸ τῆς ὥρας ἐκείνης. (마 17:18)

7. ὁ ἥλιος σκοτισθήσεται καὶ αἱ δυνάμεις αἱ ἐν τοῖς οὐρανοῖς σαλευθήσονται. (막 13:24–25)

8. καὶ τὸ καταπέτασμα τοῦ ναοῦ ἐσχίσθη εἰς δύο ἀπ᾽ ἄνωθεν ἕως κάτω. (막 15:38)

9. ἐπορεύθη[24] εἰς ἔρημον τόπον· καὶ οἱ ὄχλοι ἐπεζήτουν[25] αὐτόν. (눅 4:42)

10. ἐκ τῆς Γαλιλαίας προφήτης οὐκ ἐγείρεται. (요 7:52)

11. πῶς δύναται ἄνθρωπος ἁμαρτωλὸς σημεῖα ποιεῖν; (요 9:16)

12. οὗτός ἐστιν ὁ υἱὸς ἡμῶν καὶ ἐγεννήθη τυφλός. (요 9:20)

13. ἀπεκρίθη ὁ ἄνθρωπος καὶ εἶπεν αὐτοῖς. (요 9:30)

14. ἤρξατο διδάσκειν αὐτοὺς ὅτι δεῖ τὸν υἱὸν τοῦ ἀνθρώπου παθεῖν. (막 8:31)

15. σκότος ἐγένετο ἐπὶ τὴν γῆν. (마 27:45)

16. ἐν τούτῳ ἐφανερώθη ἡ ἀγάπη τοῦ θεοῦ ἐν ἡμῖν. (요1서 4:9)

17. οὐδὲ γὰρ ἐγὼ παρὰ ἀνθρώπου παρέλαβεν αὐτὸ οὔτε ἐδιδάχθην, ἀλλὰ δι᾽ ἀποκαλύψεως Ἰησοῦ Χριστοῦ. (갈 1:12)

18. ἐγένετο Ἰωάννης ὁ βαπτίζων ἐν τῇ ἐρήμῳ καὶ κηρύσσων βάπτισμα μετανοίας εἰς ἄφεσιν ἁμαρτιῶν. (막 1:4)

19. ὁ κόσμος παράγεται καὶ ἡ ἐπιθυμία αὐτοῦ, ὁ δὲ ποιῶν τὸ θέλημα τοῦ θεοῦ μένει εἰς τὸν αἰῶνα. (요1서 2:17)

20. ἐγένετο ῥῆμα θεοῦ ἐπὶ Ἰωάννην τὸν Ζαχαρίου υἱὸν ἐν τῇ ἐρήμῳ. (눅 3:2)

---

24) 이태동사(deponent)의 경우 단순과거는 주로 중간태형을 취하는데, 때로는 수동태형을 취하기도 한다.

25) 합성동사에서 시제 접두어 ε이 붙는 위치에 주의하라.

μάθημα

16

중간태/수동태 분사

1. 현재 중간태/수동태 분사 변화형

주격	λυ μενος	λυ μενοι	λυ μένη	λυ μεναι	λυ μενον	λυ μενα
속격	λυ μένου	λυ μένων	λυ μένης	λυ μένων	λυ μένου	λυ μένων
여격	λυ μένῳ	λυ μένοις	λυ μένῃ	λυ μέναις	λυ μένῳ	λυ μένοις
대격	λυ μενον	λυ μενον	λυ μένην	λυ μενας	λυ μενον	λυ μενα

2. 미래 중간태 분사 변화형

주격	λυσ μενος	λυσ μενοι	λυσ μένη	λυσ μεναι	λυσ μενον	λυσ μενα
속격	λυσ μένου	λυσ μένων	λυσ μένης	λυσ μένων	λυσ μένου	λυσ μένων
여격	λυσ μένῳ	λυσομένοις	λυσ μένῃ	λυσ μέναις	λυσ μένῳ	λυσ μένοις
대격	λυσ μενον	λυσ μενον	λυσ μένην	λυσ μενας	λυσ μενον	λυσ μενα

3. 단순과거 중간태 분사 변화형

주격	λυ μενος	λυ μενοι	λυ μένη	λυ μεναι	λυ μενον	λυ μενα
속격	λυ μένου	λυ μένων	λυ μένης	λυ μένων	λυ μένου	λυ μένων
여격	λυ μένῳ	λυ μένοις	λυ μένῃ	λυ μέναις	λυ μένῳ	λυ μένοις
대격	λυ μενον	λυ μένους	λυ μένην	λυ μένας	λυ μενον	λυ μενα

4. 현재 중간태/수동태, 미래 중간태, 단순과거 중간태 분사의 특징

- −μενος, η, ον 어미로 끝난다.
- 시제 변화에 따라 시제 접미어가 첨가된다. 현재 시제에는 별다른 시제 접미어가 붙지 않고, 미래 시제에는 σ가, 단순과거 시제에는 σα가 덧붙는다.

현재 시제는 중간태와 수동태 모양이 같고, 단순과거 시제에서는 중간태와 수동태 모양이 다르다.

5. 단순과거 수동태 분사 변화형

주격	λυ θείς	λυ θέντες	λυ θεῖσα	λυ θεῖσαι	λυ θέν	λυ θέντα
속격	λυ θέντος	λυ θέντων	λυ θείσης	λυ θεισῶν	λυ θέντος	λυ θέντων
여격	λυ θέντι	λυ θεῖσι	λυ θείσῃ	λυ θείσαις	λυ θέντι	λυ θεῖσι
대격	λυ θέντα	λυ θέντας	λυ θεῖσαν	λυ θείσας	λυ θέν	λυ θέντα

단순과거 수동태 분사의 특징은 −θε−가 붙는다는 점이다.

어미변화는 남성과 중성에서는 3변화 형태를 따르고, 여성에서는 1변화 δόξα 변화형을 따른다.

O. 확인 퀴즈

1. 다음 중 λύω 동사의 현재 중간태/수동태 분사 남성 단수 여격을 골라 보시오.
   ① λυομένῳ
   ② λυόμενος
   ③ λυομένου
   ④ λυομένοις

2. 다음 중 λύω 동사의 단순과거 중간태 분사 여성 복수 대격을 골라 보시오.
   ① λυσάμενοι
   ② λυσαμένη
   ③ λυσαμένας
   ④ λυσαμένους

3. 다음 중 λύω 동사의 단순과거 수동태 분사 중성 단수 대격을 골라 보시오.
   ① λυθείς
   ② λυθέν
   ③ λυθεῖσα
   ④ λυθέντα

4. 다음 중 수동태 분사가 아닌 것을 골라 보시오.

① λυθεῖσα   ② λυόμενος

③ λυσαμένας   ④ λυθείς

5. 다음 중 시제가 다른 동사를 골라 보시오.

① λυθεῖσα   ② λυόμενος

③ λυσαμένας   ④ λυθείς

정답 | 1. ①   2. ③   3. ②   4. ③   5. ②

ὑπάγω	가버리다, 가다	κινέω	움직이다, 흔들다
λαλέω	이야기하다, 말하다	κεφαλή, ῆς, ἡ	머리
ἔξω	밖으로	προσκαλέω	가까이 부르다
βάλλω	던지다	κεντυρίων, ωνος, ὁ	백명대장(centurion)
φοβέομαι	두려워하다	πάλαι	오래 전에
τελειόω	완전하게 하다	ἄγγελος, ου, ὁ	천사, 사자
μεθερμηνεύω	번역하다	ἐπέρχομαι	~위로 덮치다, 내려오다
παραπορεύομαι	지나가다	ἐπισκιάζω	~위를 덮다, 그림자를 드리우다
παιδίον, ου, τό	어린이	διό	~ 때문에
αὐξάνω	성장하다, 자라다	εἰς	(+대격) ~로(into)
κραταιόω	강하게 하다	ὑποτάσσω	복종시키다, 굴복시키다
πληρόω	가득하게 하다, 가득 채우다	διατηρέω	잘 간직하다
βλασφημέω	모독하다		

1. ἦσαν γὰρ οἱ ἐρχόμενοι καὶ οἱ ὑπάγοντες πολλοί. (막 6:31)

2. καὶ ἦν ὁ πατὴρ αὐτοῦ καὶ ἡ μήτηρ θαυμάζοντες ἐπὶ τοῖς λαλουμένοις περὶ αὐτοῦ. (눅 2:33)

3. φόβος οὐκ ἔστιν ἐν τῇ ἀγάπῃ ἀλλ᾽ ἡ τελεία ἀγάπη ἔξω βάλλει τὸν φόβον. ὁ δὲ φοβούμενος οὐ τετελείωται[26] ἐν τῇ ἀγάπῃ. (요1서 4:18 참조)

4. καὶ φέρουσιν αὐτὸν ἐπὶ τὸν Γολγοθᾶν τόπον, ὅ ἐστιν μεθερμηνευόμενον Κρανίου Τόπος. (막 15:22)

5. καὶ οἱ παραπορευόμενοι ἐβλασφήμουν αὐτὸν κινοῦντες τὰς κεφαλὰς αὐτῶν. (막 15:29)

6. ὁ Πιλᾶτος προσκαλεσάμενος τὸν κεντυρίωνα ἐπηρώτησεν αὐτὸν εἰ πάλαι ἀπέθανεν. (막 15:44)

7. καὶ ἀποκριθεὶς ὁ ἄγγελος εἶπεν αὐτῇ· πνεῦμα ἅγιον ἐπελεύσεται ἐπὶ σὲ καὶ δύναμις ὑψίστου ἐπισκιάσει σοι· διὸ καὶ τὸ γεννώμενον ἅγιον κληθήσεται υἱὸς θεοῦ. (눅 1:35)

8. καὶ ἀποκριθεῖσα ἡ μήτηρ αὐτοῦ εἶπεν· οὐχί, ἀλλὰ κληθήσεται Ἰωάννης. (눅 1:60)

9. τὸ δὲ παιδίον ηὔξανεν καὶ ἐκραταιοῦτο πληρούμενον σοφίᾳ. (눅 2:40)

10. ἦλθεν εἰς Ναζαρὲθ καὶ ἦν ὑποτασσόμενος αὐτοῖς. καὶ ἡ μήτηρ αὐτοῦ διετήρει πάντα τὰ ῥήματα ἐν τῇ καρδίᾳ αὐτῆς. (눅 2:51)

---

26) τετελείωται, τελειόω (완전하게 하다) 동사의 현재완료 수동형 3인칭 단수

μάθημα

17

동사의 가정법

1. 현재 능동태와 중간태/수동태 가정법

인칭				
1인칭	λύ	λύ μεν	λύ μαι	λυ μεθα
2인칭	λύ	λύ τε	λύ	λύ σθε
3인칭	λύ	λύ σι(ν)	λύ ται	λύ νται

2. 단순과거 능동태, 중간태, 수동태 가정법

인칭						
1인칭	λύ ω	λύ ωμεν	λύ σ μαι	λυ σ μεθα	λυ ῶ	λυ ῶμεν
2인칭	λύ ης	λύ ητε	λύ σ	λύ σ σθε	λυ ῇς	λυ ῆτε
3인칭	λύ η	λύ ωσι(ν)	λύ σ ται	λύ σ νται	λυ ῇ	λυ ῶσι(ν)

3. 가정법 동사의 구성 원리

- 가정법 현재 능동태, 단순과거 능동태와 수동태 형에서 동사의 인칭어미는 장모음이다.
- 가정법 현재 수동태, 단순과거 중간태 형에서는 연결 모음이 장모음이다.
- 가정법에서는 2시제일 때에도 접두 모음을 붙이지 않는다.
- 단순과거 중간태 가정법에서는 시제로 보면 2시제에 속하지만, 인칭어미는 1시제 어미가 붙는다.

4. 가정법 동사가 사용되는 경우들

- 목적을 나타내는 ἵνα 절이나 ὅπως 절에서

  ① ταῦτα δὲ γέγραπται ... πιστεύ ητε ὅτι Ἰησοῦς ἐστιν ὁ χριστὸς ὁ υἱὸς τοῦ θεοῦ. (요20:31)

② ὑμᾶς δεῖ ποιεῖν τὰ καλὰ ἔργα ὅπως ἴδωσιν αὐτὰ καὶ δοξά ωσιν τὸν πατέρα ὑμῶν. (마 5:16 참조)

ἐάν 가정법에서

예 ἐάν εἴπωμεν ὅτι ἁμαρτίαν οὐκ ἔχομεν, ἡ ἀλήθεια οὐκ ἔστιν ἐν ἡμῖν. (요1서 1:9)

의도적 질문(deliberative question)에서

예 διδάσκαλε, τί ποιή ωμεν; (눅 3:12)

청유형에서

예 ἀγαπ μεν ἀλλήλους. (요1서 4:7)

ὅταν 절에서, (μὴ + 가정법) 부정 구문에서

예 ὅταν ποι ἐλεημοσύνην, μὴ σαλπίσ ἔμπροσθέν σου. (마 6:2)

확인 퀴즈

1. 다음 중 λύω 동사의 현재 능동태 가정법 3인칭 복수형을 골라 보시오.

   ① λύω   ② λύωσι   ③ λύωμεν   ④ λυώμεθα

2. 다음 중 λύω 동사의 현재 수동태 가정법 동사를 골라 보시오.

   ① λύω   ② λύσω   ③ λύωμαι   ④ λύσωμαι

3. 다음 중 λύω 동사의 단순과거 수동태 가정법 2인칭 단수 동사를 골라 보시오.

   ① λυθῇς   ② λύσητε   ③ λυθῆτε   ④ λύσῃ

4. 다음 중 단순과거 가정법 동사가 될 수 없는 것을 골라 보시오.

   ① ἐλυθῇς   ② λυθῇς   ③ λυθῆτε   ④ λύσῃ

5. 다음 중 수동태 가정법 동사가 아닌 것을 골라 보시오.

   ① λύωμαι   ② λύσηται   ③ λυθῆτε   ④ λυθῇς

정답 | 1. ②   2. ③   3. ①   4. ①   5. ②

 낱말 익힘

κρίνω	판단하다, 판가름하다	καθαρίζω	깨끗하게 하다
κρίσις, εως, ἡ	판단, 판가름	αἰτέω	달라고 하다, 요청하다
ἐμός, ή, όν	나의 (소유형용사)	λύω	풀다, 파괴하다
ζάω	살다(I live)	ἔργον, ου, τό	일(work)
διά	(+속격) ～를 통하여, (+대격) ～ 때문에	ὅς, ἥ, ὅ	관계대명사(who, which)
ἐάν	(+가정법) 만약 ～한다면	τοιοῦτος, τοιαύτη, τοιοῦτον	그와 같은
ἀλλαχοῦ	다른 곳에서, 다른 곳으로	δέχομαι	(디포) 받아들이다, 맞아들이다
ἔρχομαι	오다 (I come)		

96

1. ἐὰν κρίνω δὲ ἐγώ, ἡ κρίσις ἡ ἐμὴ ἀληθινή ἐστιν. (요 8:16)

2. ἐπηρώτων αὐτὸν οἱ ὄχλοι λέγοντες· τί οὖν ποιήσωμεν; (눅 3:10)

3. Ἀγαπητοί, ἀγαπῶμεν ἀλλήλους, ὅτι ἡ ἀγάπη ἐκ τοῦ θεοῦ ἐστιν. (요1서 4:7)

4. τὸν υἱὸν αὐτοῦ τὸν μονογενῆ ἀπέστειλεν ὁ θεὸς εἰς τὸν κόσμον ἵνα ζήσωμεν δι᾽ αὐτοῦ. (요1서 4:9)

5. ἐάν τις ἀγαπᾷ τὸν κόσμον, οὐκ ἔστιν ἡ ἀγάπη τοῦ πατρὸς ἐν αὐτῷ. (요1서 2:15)

6. λέγει αὐτοῖς· ἄγωμεν ἀλλαχοῦ. (막 1:38)

7. ἐὰν ἀγαπῶμεν ἀλλήλους, ὁ θεὸς ἐν ἡμῖν μένει. (요1서 4:12)

8. γινώσκομεν ὅτι ἀγαπῶμεν τὰ τέκνα τοῦ θεοῦ, ὅταν τὸν θεὸν ἀγαπῶμεν καὶ τὰς ἐντολὰς αὐτοῦ ποιῶμεν. (요 1서 5:2)

9. ἔρχεται πρὸς αὐτὸν λεπρὸς καὶ λέγει αὐτῷ· Ἐὰν θέλῃς δύνασαί με καθαρίσαι. (막 1:40)

10. οὐ γὰρ ἀπέστειλεν ὁ θεὸς τὸν υἱὸν εἰς τὸν κόσμον ἵνα κρίνῃ τὸν κόσμον, ἀλλ᾽ ἵνα σωθῇ ὁ κόσμος δι᾽ αὐτοῦ. (요 3:17)

11. καὶ ὃ ἐὰν αἰτῶμεν λαμβάνομεν ἀπ᾽ αὐτοῦ. (요1서 3:22)

12. ἐφανερώθη ὁ υἱὸς τοῦ θεοῦ ἵνα λύσῃ τὰ ἔργα τοῦ διαβόλου. (요1서 3:18)

13. ὃς ἂν ἓν τῶν τοιούτων παιδίων δέξηται ἐπὶ τῷ ὀνόματί μου, ἐμὲ δέχεται. (막 9:37)

μάθημα

18

동사의 현재완료
동사의 6가지 기본형

1. 현재완료 변화형

1인칭	λυ	λύ	λυ	λύ
2인칭	λυ	λύ	λυ	λυ
3인칭	λυ	λύ (= λυ)	λυ	λυ
부정사	λυ		λύ	

2. 현재완료 능동 분사

주격	λυ	λυ	λυ	λυ	λυ	λυ
속격	λυ	λυ	λυ	λυ	λυ	λυ
여격	λυ	λυ	λυ	λυ	λυ	λυ
대격	λυ	λυ	λυ	λυ	λυ	λυ

3. 현재완료 수동 분사: λυ , λυ , λυ

4. 현재완료 동사의 구성 원리

동사의 어근 앞에 중첩두어(그 동사의 첫 자음 + ε)를 붙이고, 인칭 어미는 κα를 덧붙인다.

동사의 첫 글자가 모음으로 시작될 때는 그 모음을 장모음화 시킨다.

(예 ἀγαπάω ➔ γάπη)

동사의 첫 글자가 이중 자음으로 시작될 때는 중첩두어(duplication)를 붙이지 않고, 대신 접두 모음 ε를 덧붙이는 경우들이 있다.

(예 στέλλω ➔ σταλ , 불규칙변화로 외워두는 것이 편리하다. 불규칙동사 변화표를 참조할 수 있다.)

동사의 원줄기가 φ나 θ나 χ로 시작되는 경우 중첩두어는 각각 πε-, τε-, κε-가 된다. (예 θνῄσκω ➔ θνη)

5. 동사의 6가지 기본형 정리

① 우리는 지금까지 동사의 시제와 태에 대해서 공부했다. 모든 변화형들을 반복해서 복습해야 하며, 정확히 기억나지 않을 때는 수시로 변화형을 찾아서 다시 확인해 볼 필요가 있다.

② 이를 위해 동사의 6가지 기본 형태를 익혀 두면 매우 유익하다. 틈날 때마다 이미 학습한 동사의 6가지 기본형을 떠올리며 복습해 보길 권한다.

③ 동사의 6가지 기본형은 아래와 같다.

λύω	λύω	λυ	λυ	λυ	λύ

④ 모든 동사에서 항상 위의 6가지 기본형이 다 나타나지는 않는다. 때로는 위 6가지 기본형 가운데 사용된 용례를 찾아볼 수 없는 경우도 있다. 불규칙동사들에도 주의해야 한다.

ἔρχομαι	ἐλεύσομαι	ἦλθον	ἐλήλυθα	없음	없음
ἀκούω	ἀκουσω	ἤκουσα	ἄκηκοα	없음	ἠκούσθην

○. 확인 퀴즈

1. 다음 중 λύω 동사의 현재완료 능동태 1인칭 단수형을 골라 보시오.
   ① ἔλυσα   ② ἔλυον   ③ λύω   ④ λέλυκα

2. 다음 중 λύω 동사의 현재완료 능동태 분사 남성 단수 주격을 골라 보시오.
   ① λελυκώς   ② λύων   ③ λύσας   ④ λελυμένος

3. 다음 중 λύω 동사의 현재완료 수동태 2인칭 복수 동사를 골라 보시오.
   ① λύετε   ② ἐλύετε   ③ λελύσθε   ④ ἐλύσατε

4. 다음 중 λύω 동사의 현재완료 수동태 분사 남성 단수 주격을 골라 보시오.

① λελυκώς ② λύων ③ λύσας ④ λελυμένος

5. 다음 중 현재완료 시제가 아닌 것을 골라 보시오.

① ἠγάπησα ② ἠγάπηκα ③ λελυκός ④ λέλυκα

정답 | **1.** ④ **2.** ① **3.** ③ **4.** ④ **5.** ①

 낱말 익힘

θυγάτηρ, τρός, ἡ	딸	ἵνα	(+가정법) ~하기 위해서
εἰρήνη, ης, ἡ	평화	πώποτε	한번도 ~않다(never)
συνείδησις, εως, ἡ	양심	θεάομαι	관객이 되다, 지켜보다
πολιτεύω	시민으로 살다	ἤδη	이미, 벌써
ἄχρι	(+속격) ~까지	σπέρμα, ατος, τό	씨, 후손
ἡμέρα, ας, ἡ	날, 낮	συσταυρόω	함께 십자가에 매달다
ἤ	또는, ~보다	ἀναγινώσκω	읽다

 연습문제

1. θυγάτερ, ἡ πίστις σου σέσωκέν σε· ὕπαγε εἰς εἰρήνην. (막 5:34)

2. ἐγὼ πάσῃ συνειδήσει ἀγαθῇ πεπολίτευμαι ἄχρι ταύτης τῆς ἡμέρας. (행 23:1)

3. ὑμεῖς ἐκ τοῦ θεοῦ ἐστε, τεκνία, καὶ νενικήκατε αὐτούς, ὅτι μείζων ἐστὶν ὁ ἐν ὑμῖν ἢ ὁ ἐν τῷ κόσμῳ. (요1서 4:4)

4. Ἀγαπητοί, ἀγαπῶμεν ἀλλήλους, ὅτι ἡ ἀγάπη ἐκ τοῦ θεοῦ ἐστιν, καὶ πᾶς ὁ ἀγαπῶν ἐκ τοῦ θεου γεγέννηται καὶ γινώσκει τὸν θεόν. (요1서 4:7)

5. ἐν τούτῳ ἐφανερώθη ἡ ἀγάπη τοῦ θεοῦ ἐν ἡμῖν, ὅτι τὸν υἱὸν αὐτοῦ τὸν μονογενῆ ἀπέσταλκεν ὁ θεὸς εἰς τὸν κόσμον ἵνα ζήσωμεν δι᾽ αὐτοῦ. (요1서 4:9)

6. οὐκ ἠγαπήκαμεν τὸν θεὸν ἀλλ᾽ αὐτὸς ἠγάπησεν ἡμᾶς. (요1서 4:10)

7. θεὸν οὐδεὶς πώποτε τεθέαται.[27] ἐὰν ἀγαπῶμεν ἀλλήλους, ὁ θεὸς ἐν ἡμῖν μένει καὶ ἡ ἀγάπη αὐτοῦ ἐν ἡμῖν τετελειωμένη ἐστίν.
(요1서 4:12)

8. καὶ ἡμεῖς ἐγνώκαμεν καὶ πεπιστεύκαμεν τὴν ἀγάπην ἣν ἔχει ὁ θεὸς ἐν ἡμῖν. (요1서 4:16)

9. πᾶν τὸ γεγεννημένον ἐκ τοῦ θεοῦ νικᾷ τὸν κόσμον· καὶ αὕτη ἐστὶν ἡ νίκη ἡ νικήσασα τὸν κόσμον, ἡ πίστις ἡμῶν. (요1서 5:4)

10. ἀκηκόατε ὅτι ἔρχεται, καὶ νῦν ἐν τῷ κόσμῳ ἐστὶν ἤδη. (요1서 4:3)

11. ἐν τούτῳ γινώσκετε τὸ πνεῦμα τοῦ θεοῦ· πᾶν πνεῦμα ὃ ὁμολογεῖ Ἰησοῦν Χριστὸν ἐν σαρκὶ ἐληλυθότα ἐκ τοῦ θεοῦ ἐστιν. (요1서 4:2)

12. πᾶς ὁ γεγεννημένος ἐκ τοῦ θεοῦ ἁμαρτίαν οὐ ποιεῖ, ὅτι σπέρμα αὐτοῦ ἐν αὐτῷ μένει. (요1서 3:9)

13. καὶ οὐ δύναται ἁμαρτάνειν, ὅτι ἐκ τοῦ θεοῦ γεγέννηται. (요1서 3:9)

14. ἐγὼ γὰρ διὰ νόμου νόμῳ ἀπέθανον, ἵνα θεῷ ζήσω. Χριστῷ συνεσταύρωμαι. (갈 2:19)

15. ἐν τῷ νόμῳ τί γέγραπται; πῶς ἀναγινώσκεις; (눅 10:26)

16. ἡ τελεία ἀγάπη ἔξω βάλλει τὸν φόβον. ὁ δὲ φοβούμενος οὐ τετελείωται ἐν τῇ ἀγάπη. (요 1서 4:18)

---

27) **4. ❹** 참조

μάθημα

19

동사의 명령법

1. 현재 명령형

2인칭	λῦ	λύ	λυ	λύ
3인칭	λύ	λυ	λυ	λύ

① 2인칭 복수 명령형의 경우에는 직설법과 모양이 똑같다. 이런 경우에는 문맥에서 어떤 쓰임새로 쓰였는지를 알아내야 한다.

② 신약성경에서 현재 능동태 2인칭과 3인칭 단수 명령형은 상당히 자주 사용되는 편이다. 따라서 그 모양을 잘 익혀둘 필요가 있다.

2. 단순과거 명령형

2인칭	λῦ	λύ	λῦ	λύ	λύ	λύ
3인칭	λυ	λυ	λύ	λύ	λυ	λυ

① 동사 변화에서 제2시제에 속한 경우에는 시제 접두어 ε-을 덧붙이는 것이 보통이다. 그러나 이러한 시제 접두어는 직설법에서만 붙인다. 가정법이나 분사와 같은 그 밖의 법(moods)에서는 시제 접두어를 붙이지 않는다. 따라서 단순과거 명령법의 경우에도 시제 접두어를 붙이지 않는다.

② 단순과거 능동태와 중간태 명령형에서는 시제를 나타내는 접미어 -σα-가 공통적으로 나타난다. 단 2인칭 단수 능동태 명령형의 어미는 -σον이다.

③ 2인칭 단수 중간태 명령형의 어미는 단순과거 능동태 부정사의 어미와 똑같다. 문맥에 따라서 어떤 용법으로 쓰였는지 알아내야 한다.

④ 단순과거 명령형을 만들 때도 σ앞에 특정 자음이 올 경우에 음운변화가 일어난다. **8**과의 **4.** 항목을 참조하라. 아래 예문의 δεῖξον에서 그러한 예를 찾아볼 수 있다.

예 ὕπαγε, σεαυτόν δεῖξον τῷ ἱερεῖ. (막 1:44)

① δείκνυμι 동사의 어근은 δεικ-이다. 따라서 여기에 시제 접두어 ε-을 붙이고 시제접미어 -σα를 더하면, 단순과거는 ἔδεικσα이다. 그런데 **8**과의 **4.**에 설명한 규칙을 참고하면, σ앞에 오는 κ는 ξ가 된다. 따라서 δείκνυμι 동사의 단순과거는 ἔδειξα가 된다.

② λύω 동사의 단순과거 ἔλυσα에서 단순과거 명령형을 만들려면, 접두모음을 생략하고 어미 -σα를 -σον으로 바꿔주면 된다. ἔδειξα의 경우에도 접두모음을 생략하고 어미 -ξα을 -ξον으로 바꿔주면 된다.

3. 제2단순과거 명령형

2인칭	ἔλθ	ἔλθ	ἔλθ	ἔλθ
3인칭	ἔλθ	ἔλθ	ἔλθ	ἔλθ

제2단순과거 명령형의 인칭어미는 현재 명령형의 인칭어미와 똑같다. 따라서 제2단순과거 명령형과 현재 명령형을 구분하는 방법은 어간의 변화를 살펴보는 것이다. 어간이 기본 동사의 어간 그대로이면 현재 명령형이고, 어간에 변화가 생겼으면 제2단순과거 명령형으로 볼 수 있다.

동사 변화에서 제2시제에 속한 경우에는 시제 접두어 ε을 덧붙이는 것이 보통이다. 그러나 이러한 시제 접두어는 직설법에서만 붙인다. 가정법이나 분사와 같은 그 밖의 법(moods)에서는 시제 접두어를 붙이지 않는다. 따라서 단순과거 명령법의 경우에서와 마찬가지로 제2단순과거 명령형을 만들 때에도 시제 접두어는 붙이지 않는다.

아래 예문에서 ἔξελθε도 그러한 원칙의 영향을 받은 결과로 볼 수 있다.

🔵 ὁ Ἰησοῦς λέγει πνεύματι ἀκαθάρῳ· ἔξελθε ἐξ αὐτοῦ. (막 1:25 참조)

① ἔρχομαι 동사의 제2단순과거는 ἦλθον이다. 그런데 ἔρχομαι에 접두어 ἐξ가 붙어서 합성동사가 되면 제2단순과거는 ἔξηλθον이 된다.

② ἔξ λθον을 명령형으로 만들려면 명령형 어미 ε을 붙이고, 시제 접두어 ε을 떼어내면 된다. 그런데 이번 경우에는 시제 접두어 ε이 독립적으로 존재하지 않는다. 따라서 이런 경우에는 모음으로 시작되는 동사의 경우에 단순과거를 만들려면 시제

접두어 ε을 붙이는 대신 첫 모음을 장음화시켰던 것과 반대로, ἐξ λθον에서 장모음 η를 단모음 ε으로 바꾸어 주면 된다. 그래서 ἐξ λθ 가 되었다.

③ 참고로 더 쉬운 예로, λαμβάνω 동사의 제2단순과거 λαβ 의 2인칭 단수 명령형을 만들어 보자. 먼저 시제 접두어 ε을 떼어내고, 명령형 어미 ε만 덧붙이면 된다. 따라서 λάβ 가 된다.

4. εἰμί 동사의 명령법

2인칭	ἴσθι	ἔστε
3인칭	ἔστω	ἔστωσαν

5. 명령형의 부정

명령형을 부정하는 방법에는 2가지가 있다. 하나는 명령법 앞에 부정어 μή를 붙이는 것이고, 다른 하나는 단순과거 가정법 2인칭 동사 앞에 부정어 μή를 붙이는 것이다.

μή + 명령법

예   ἁμάρτανε. (요 8:11)

μή + 단순과거 가정법

예   εἰσενέγκ ἡμᾶς εἰς πειρασμόν. (마 6:13)

한 가지 기억할 점은 직설법을 제외한 나머지 법(moods)에서 부정어는 οὐ가 아니라 항상 μή라는 것이다.

〇.

1. 다음 중 λύω 동사의 현재 능동태 2인칭 단수 명령형을 골라 보시오.

   ① λῦε   ② λύετω   ③ λυοῦ   ④ λυέσθω

2. 다음 중 λύω 동사의 현재 능동태 3인칭 단수 명령형을 골라 보시오.

   ① λῦε   ② λύετω   ③ λυοῦ   ④ λυέσθω

3. 다음 중 λύω 동사의 단순과거 능동태 2인칭 단수 명령형을 골라 보시오.

   ① λῦε   ② λύετω   ③ λῦσον   ④ λυοῦ

4. 다음 중 ἔρχομαι 동사의 제2단순과거 2인칭 단수 명령형을 골라 보시오.

   ① ἦλθε   ② ἦλθον   ③ ἔλθε   ④ ἔλθου

5. 다음 부정 명령 문장에 알맞은 부정어를 써 보시오.

   _____ ἁμάρτανε. (요 8:11)

정답 | 1. ①   2. ②   3. ③   4. ③   5. μή

λάμπω	비추다(shine)	ὑπάρχω	~이 있다
οὖν	그러므로, 따라서	δίδωμι	주다(give)
προσεύχομαι	기도하다	ἔμπροσθεν	(+속격) ~ 앞에
ἁγιάζω	거룩하게 하다	ὅπως	(+가정법) ~ 하기 위해서
ὡς	~처럼(like)	δοξάζω	영광스럽게 하다
γῆ, γῆς, ἡ	땅	διδαχή, ῆς, ἡ	가르침
χείρ, ρός, ἡ	손	οὖς, ὠτός, τό	귀

μέσος, η, ον	가운데, 가운데에	ἀναγκάζω	억지로 ~ 하게 하다
ἀπολούω	씻어내다	γεμίζω	꽉 채우다
περιπατέω	걷다, 살아가다	οἶκος, ου, ὁ	집
ἀσπασμός, οῦ, ὁ	인사, 안부	βοηθέω	(+여격) 돕다
δεσμός, οῦ, ὁ	결박, 가둠, 묶음, 결속	ἀπιστία, ας, ἡ	불신, 믿음 없음
χάρις, ιτος, ἡ	은혜	δικαιοσύνη, ης, ἡ	의, 공의, 정의
μηδέ~, μηδέ~	~도 아니(nither~, nor~)	βραβεύω	결정하다, 관장하다
ἀργύριον, ου, τό	은(silver)	ἐνοικέω	~안에 거하다, ~ 안에 집을 두고 살다
χρυσίον, ου, τό	금(gold)	εἰ	(+직설법) 만약에 ~ 하다면

 연습문제

1. 주기도문 (마 6:9-10)

   οὕτως οὖν προσεύχεσθε ὑμεῖς·
   Πάτερ ἡμῶν ὁ ἐν τοῖς οὐρανοῖς·
   ἁγιασθήτω τὸ ὄνομα σου·
   ἐλθέτω ἡ βασιλεία σου·
   γενηθήτω τὸ θέλημά σου·
   ὡς ἐν οὐρανῷ καὶ ἐπὶ γῆς·

2. καὶ λέγει τῷ ἀνθρώπῳ τῷ τὴν ξηρὰν χεῖρα ἔχοντι, Ἔγειρε εἰς τὸ μέσον. (막 3:3)

3. Ἐν σοφίᾳ περιπατεῖτε πρὸς τοὺς ἔξω.[28] (골 4:5)

4. Ὁ ἀσπασμὸς τῇ ἐμῇ χειρὶ Παύλου. μνημονεύετέ μου τῶν δεσμῶν. ἡ χάρις μεθ᾽ ὑμῶν. (골 4:18)

---

28) 마치 형용사의 독립 용법처럼, 부사가 관사와 함께 쓰여 독립 용법으로 사용되기도 한다.

5. Μὴ ἀγαπᾶτε τὸν κόσμον μηδὲ τὰ[29] ἐν τῷ κόσμῳ. (요서 2:15)

6. εἶπεν δὲ Πέτρος· ἀργύριον καὶ χρυσίον οὐχ ὑπάρχει μοι, ὃ δὲ ἔχω τοῦτό σοι δίδωμι· ἐν τῷ ὀνόματι Ἰησοῦ Χριστοῦ τοῦ Ναζωραίου ἔγειρε καὶ περιπάτει. (행 3:6)

7. οὕτως λαμψάτω τὸ φῶς ὑμῶν ἔμπροσθεν τῶν ἀνθρώπων, ὅπως ἴδωσιν ὑμῶν τὰ καλὰ ἔργα καὶ δοξάσωσιν τὸν πατέρα ὑμῶν τὸν[30] ἐν τοῖς οὐρανοῖς. (마 5:16)

8. εἴ τις ἔρχεται πρὸς ὑμᾶς καὶ ταύτην τὴν διδαχὴν οὐ φέρει, μὴ λαμβάνετε αὐτὸν εἰς οἰκίαν καὶ χαίρειν αὐτῷ μὴ λέγετε. (요2서 1:10)

9. ὁ ἔχων οὖς ἀκουσάτω τί τὸ πνεῦμα λέγει ταῖς ἐκκλησίαις. (계 2:11)

10. καὶ εἶπεν ὁ κύριος πρὸς τὸν δοῦλον, Ἔξελθε εἰς τὰς ὁδοὺς καὶ ἀνάγκασον εἰσελθεῖν, ἵνα γεμισθῇ μου ὁ οἶκος. (눅 14:23)

11. ὁ πατὴρ τοῦ παιδιοῦ ἔλεγεν· πιστεύω, βοήθει μου ἀπιστίᾳ. (막 9:24)

12. ζητεῖτε δὲ πρῶτον τὴν βασιλείαν τοῦ θεοῦ καὶ τὴν δικαιοσύνην αὐτοῦ. (마 6:33)

13. ἡ εἰρήνη τοῦ Χριστοῦ βραβευέτω ἐν ταῖς καρδίαις ὑμῶν, εἰς ἣν καὶ ἐκλήθητε ἐν ἑνὶ σώματι. (골 3:15)

14. ὁ λόγος τοῦ Χριστοῦ ἐνοικείτω ἐν ὑμῖν. (골 3:16 상)

15. μὴ θαυμάζετε, ἀδελφοί, εἰ μισεῖ ὑμᾶς ὁ κόσμος. (요서 3:13)

16. βάπτισαι[31] καὶ ἀπόλουσαι τὰς ἁμαρτίας σου ἐπικαλεσάμενος τὸ ὄνομα αὐτοῦ. (행 22:16)

---

29) 전치사구 앞에 관사가 붙어서 독립용법으로 쓰이기도 한다. 따라서 '타 엔 토 코스모'는 '세상에 있는 것들'을 뜻한다.
30) 위의 각주 29에서 설명한 것과 같은 용법으로 볼 수 있다. '호 엔 토이스 우라노이스'는 '하늘에 계신 분'을 뜻한다.
31) 단순과거 중간태 명령형을 참조하라.

μάθημα

20

몇 가지 중요한 동사 변화
(οἶδα, δίδωμι, τίθημι, ἵστημι, ἔγνων, ἀφίημι)

1. οἶδα (I know, perfective present) 동사의 직설법 현재완료와 과거완료

1인칭	οἶδα	οἴδαμεν	ᾔδειν	ᾔδειμεν
2인칭	οἶδας	οἴδατε	ᾔδεις	ᾔδειτε
3인칭	οἶδε	οἴδασι(ν)	ᾔδει	ᾔδεισαν
부정사	εἰδέναι		–	

2. δίδωμι (I give) 동사의 직설법 현재, 단순과거, 현재완료

1인칭	δίδωμι	δίδομεν	ἔδωκα	ἐδώκαμεν	δέδωκα	δεδώκαμεν
2인칭	δίδως	δίδοτε	ἔδωκας	ἐδώκατε	δέδωκας	δεδώκατε
3인칭	δίδωσι(ν)	δίδοασι(ν)	ἔδωκε(ν)	ἔδωκαν	δέδωκε(ν)	δεδώκασι(ν) (=δεδώκαν)
부정사	διδόναι		δοῦναι		–	
분사	διδούς, διδοῦσα, διδόν		δούς, δοῦσα, δόν		–	

동사의 6가지 기본형

현재 – 미래 – 단순과거 – 현재완료 능동태 – 현재완료 수동태 – 단순과거 수동태

δίδωμι – δώσω – ἔδωκα – δέδωκα – δέδομαι – ἐδόθην

---

3. τίθημι (I put) 동사의 직설법 현재, 단순과거

1인칭	τίθημι	τίθεμεν	ἔθηκα	ἐθήκαμεν
2인칭	τίθης	τίθετε	ἔθηκας	ἐθήκατε
3인칭	τίθησι(ν)	τιθέασι(ν)	ἔθηκε(ν)	ἔθηκαν
부정사	τιθέναι		θεῖναι	
분사	τιθείς, τιθεῖσα, τιθέν		θείς, θεῖσα, θέν	

4. ἵστημι (I set, place, stand) 동사의 직설법 현재, 단순과거

1인칭	ἵστημι	ἵσταμεν	ἔστην	ἔστημεν
2인칭	ἵστης	ἵστατε	ἔστης	ἔστητε
3인칭	ἵστησι(ν)	ἵστασι(ν)	ἔστη	ἔστησαν
부정사	ἱστάναι		στῆναι	
분사	ἱστάς, ἱστᾶσα, ἱστάν		στάς, στᾶσα, στάν	

5. γινώσκω (I know) 동사의 단순과거

1인칭	ἔγνων	ἔγνωμεν
2인칭	ἔγνως	ἔγνωτε
3인칭	ἔγνω	ἔγνωσαν
부정사	γνῶναι	
분사	γνούς, γνοῦσα, γνόν	

6. ἀφίημι (I set, place, stand) 동사의 직설법 현재, 단순과거

1인칭	ἀφίημι	ἀφίεμεν	ἀφῆκα	ἀφήκαμεν
2인칭	ἀφεῖς	ἀφίετε	ἀφῆκας	ἀφήκατε
3인칭	ἀφίησι	ἀφίουσι(ν)	ἀφῆκε	ἀφῆκαν
부정사		ἀφιέναι		ἀφεῖναι

1. 다음 중 δίδωμι 동사의 단순과거 3인칭 복수형을 골라 보시오.

① ἔδωκα　　② δέδωκα　　③ ἔδωκαν　　④ δέδωκαν

2. 다음 중 ἀφίημι 동사의 단순과거 2인칭 단수형을 골라 보시오.

① ἀφίετε　　② ἀφῆκας　　③ ἀφίησι　　④ ἀφεῖς

3. 다음 중 γινώσκω 동사의 단순과거 1인칭 단수형을 골라 보시오.

① ἔγνων　　② ἔγνωκα　　③ ἔγνω　　④ ἔγνως

4. 다음 중 ἵστημι 동사의 현재 3인칭 단수형을 골라 보시오.

① ἵστημι　　② ἔστη　　③ ἔστην　　④ ἵστησι(ν)

5. 다음 중 οἶδα 동사의 과거완료 1인칭 단수형을 골라 보시오.

① ᾔδεις　　② ᾔδει　　③ ᾔδειν　　④ ᾔδεισαν

6. 다음 중 τίθημι 동사의 단순과거 2인칭 복수형을 골라 보시오.

① ἔθηκα　　② ἐθήκατε　　③ ἔθηκαν　　④ ἔθηκε(ν)

정답 | 1. ③　2. ②　3. ①　4. ④　5. ③　6. ②

 낱말 익힘

οἶδα	알다, perfective present	θάνατος, ου, ὁ	죽음
ἀπόλλυμι	멸망하다	καθώς	~한 것처럼
χρόνος, ου, ὁ	시간	ποιμήν, ένος, ὁ	목자
ἵστημι	서게 하다, 세우다	τίθημι	두다, 놓다
συνεδρίον, ου, τό	공회, 유대 의회	κρατέω	(+속격) 붙잡다
ἀνίστημι	일어서다	πυρετός, οῦ, ὁ	열병
ἐκπειράζω	떠보다, 시험하다	διακονέω	섬기다, 봉사하다
μεταβαίνω	옮겨가다	φρέαρ, ατος, τό	우물, 샘

1. ζωὴν αἰώνιον ἔδωκεν ἡμῖν ὁ θεός. (요1서 5:11)

2. οὐ Μωϋσῆς δέδωκεν ὑμῖν τὸν ἄρτον ἐκ τοῦ οὐρανοῦ. (요 6:32)

3. ἀλλ᾽ ὁ πατήρ μου δίδωσιν ὑμῖν τὸν ἄρτον ἐκ τοῦ οὐρανοῦ τὸν ἀληθινόν. (요 6:32)

4. μείζων ἐστὶν ὁ ἐν ὑμῖν ἢ ὁ ἐν τῷ κόσμῳ. (요1서 4:4)

5. οἶδα τὰ ἔργα σου καὶ τὸν κόπον καὶ τὴν ὑπομονήν. (계 2:2)

6. οὕτως γὰρ ἠγάπησεν ὁ θεὸς τὸν κόσμον, ὥστε τὸν υἱὸν τὸν μονογενῆ ἔδωκεν, ἵνα πᾶς ὁ πιστεύων εἰς αὐτὸν μὴ ἀπόληται ἀλλ᾽ ἔχῃ ζωὴν αἰώνιον. (요 3:16)

7. καὶ ἔδωκα αὐτῇ χρόνον, ἵνα μετανοήσῃ, καὶ οὐ θέλει μετανοῆσαι ἐκ τῆς πορνείας αὐτῆς. (계 2:21)

8. δώσω αὐτῷ ἐξουσίαν ἐπὶ τῶν ἐθνῶν. (계 2:26)

9. ἀγαγόντες δὲ αὐτοὺς ἔστησαν ἐν τῷ συνεδρίῳ. (행 5:27)

10. καὶ λαβὼν παιδίον ἔστησεν αὐτὸ ἐν μέσῳ αὐτῶν. (막 9:36)

11. καὶ νομικός τις ἀνέστη ἐκπειράζων αὐτὸν λέγων· διδάσκαλε, τί ποιήσας ζωὴν αἰώνιον κληρονομήσω; (눅 10:25)

12. ὁ μὴ ἀγαπῶν οὐκ ἔγνω τὸν θεόν, ὅτι ὁ θεὸς ἀγάπη ἐστίν. (요1서 4:8)

13. οἴδαμεν ὅτι μεταβεβήκαμεν ἐκ τοῦ θανάτου εἰς τὴν ζωήν, ὅτι ἀγαπῶμεν τοὺς ἀδελφούς. (요1서 3:14)

14. ἡμεῖς ἐγνώκαμεν καὶ πεπιστεύκαμεν τὴν ἀγάπην ἣν ἔχει ὁ θεὸς ἐν ἡμῖν. (요1서 4:16)

15. ἀγαπῶμεν ἀλλήλους, καθὼς ἔδωκεν ἐντολὴν ἡμῖν. (요1서 3:23)

16. ἐγώ εἰμι ὁ ποιμὴν ὁ καλός. ὁ ποιμὴν ὁ καλός τὴν ψυχὴν αὐτοῦ τίθησιν ὑπὲρ τῶν προβάτων. (요 10:11)

17. καὶ προσελθὼν ἤγειρεν αὐτὴν κρατήσας τῆς χειρός· καὶ ἀφῆκεν αὐτὴν ὁ πυρετός, καὶ διηκόνει αὐτοῖς. (막 1:31)

18. μὴ σὺ μείζων εἶ τοῦ πατρὸς ἡμῶν Ἰακώβ, ὃς ἔδωκεν ἡμῖν τὸ φρέαρ; (요4:12)

21

속격 독립 분사 구문과
부정사의 주어 역할을 하는 대격

1. 속격 독립 분사 구문(absolute genitive)

명사나 대명사 속격과 분사 속격이 나란히 함께 쓰여서, 문장의 다른 부분과는 상관없이 독립적으로 분사 구문을 이루는 경우를 말한다.

예 τόν λαὸν ἐν τῷ ἱερῷ ἐπέστησαν οἱ ἀρχιερεῖς καὶ γραμματεῖς. (눅 20:1 참조)

위의 예문에서 밑줄 친 부분이 독립 분사 구문에 해당한다. 우선 διδάσκοντος는 διδάσκω 동사의 현재 능동태 분사 남성 단수 속격이다. 그리고 αὐτοῦ는 3인칭 대명사 남성 단수 속격이다. 이처럼 분사 속격과 대명사 속격이 나란히 쓰여 독립 분사 구문을 이루고 있다. 이런 분사 구문에서 대명사가 주어 역할을 하고, 분사가 동사 역할을 한다. διδάσκοντος는 분사로서 동사의 기능을 가지고 있기 때문에 τόν λαὸν을 목적어로 취하고 있다. '성전에서(ἐν τῷ ἱερῷ)'는 분사 구문에 속한 부사구이다.

이와 같은 독립 분사 구문은 성경 이외의 고전 문헌에서는 물론이려니와 신약에서도 자주 나타난다.

2. 부정사와 함께 쓰이는 동사들

우리는 이미 부정사가 쓰이는 예문들을 때때로 살펴본 바 있다. δεῖ나 ὀφείλω와 같은 동사들은 부정사를 꼭 필요로 하는 동사들이다.

내용상 부정사의 주어가 본동사의 주어와 일치하는 경우에는 부정사의 주어를 따로 표시할 필요가 없다. 그러나 부정사의 주어가 본동사의 주어와 일치하지 않을 경우에는 부정사의 의미상 주어를 명시할 필요가 있다. 이때 부정사의 의미상 주어는 보통 대격이 쓰인다. 이런 구문을 가리켜 ccusativus um nfinitivo라고 하며 줄여서   이라고 부른다.

예 ① καὶ οὐ θέλετε ἐλθεῖν πρός με ἵνα ζωὴν ἔχητε. (요 5:40)

② ἡμᾶς δεῖ ἐργάζεσθαι τὰ ἔργα τοῦ θεοῦ. (요 9:4 참조)

위의 예문 ①에서는 '원하다(θέλετε)'와 '오다(ἐλθεῖν)'의 주어가 같기 때문에, 부정사 ἐλθεῖν의 의미상 주어를 따로 표시할 필요가 없다.

④ 그러나 위의 예문 ②에서는 동사 δεῖ가 비인칭 용법(it is necessary)으로 쓰였다. 그래서 부정사로 쓰인 ἐργάζεσθαι 동사의 주어를 따로 표시할 필요가 있다. 그리고 그 주어를 표시하기 위해 1인칭 복수 대명사 대격 ἡμᾶς가 쓰였다.

○. 확인 퀴즈

1. 다음 중 아래의 밑줄 친 곳에 알맞은 인칭대명사를 골라 보시오.
διδάσκοντος _____ τόν λαὸν ἐν τῷ ἱερῷ

① αὐτὸς　　　② αὐτοῦ　　　③ αὐτῷ　　　④ αὐτὸν

2. 다음 중 아래의 밑줄 친 곳에 알맞은 인칭대명사를 골라 보시오.
_____ δεῖ ἐργάζεσθαι τὰ ἔργα τοῦ θεοῦ.

① ἡμεῖς　　　② ἡμῶν　　　③ ἡμῖν　　　④ ἡμᾶς

3. 다음 중 아래의 밑줄 친 곳에 알맞은 인칭대명사를 골라 보시오.
θέλω _____ εἰσελθεῖν εἰς τὴν βασιλείαν.

① σὺ　　　② σοῦ　　　③ σοὶ　　　④ σὲ

4. 다음 중 아래의 밑줄 친 곳에 알맞은 분사를 골라 보시오.
_____ Ἰησοῦ ταῦτα ἐν τῷ οἴκῳ

① λέγων　　　② λέγοντος　　　③ λέγοντι　　　④ λέγοντα

5. 다음 중 아래의 밑줄 친 곳에 알맞은 분사를 골라 보시오.
τοῦ δαιμονίου _____ ἐξέλθοντος ἐλάλησεν ὁ κωφός.

① ἐξέλθοντος　② ἐξέλθοντες　③ ἐξέλθοντι　④ ἐξέλθοντα

정답 | 1. ②　2. ④　3. ④　4. ②　5. ①

κελεύω	~하도록 명령하다(+ 부정사)	τελευτάω	끝이 나다, 죽다
πέραν	(부사) 건너편에, 건너편으로	ἄρτι	방금
μέλλω	막 ~하려 하다(be about to)	λειτουργέω	예배하다, 섬기다
λιμός, οῦ, ὁ	기근, 큰 굶주림	νηστεύω	금식하다
ὅλος, η, ον	전체의, 온전한	κωφός, οῦ, ὁ	언어장애인, 청각장애인
οἰκουμένη, ης, ἡ	세상, 사람 사는 땅	πλοῖον, ου, τό	배(boat)
ἀχρεῖος, ον	쓸모 없는, 무익한	ὑπαντάω	마주치다, 만나다
θλῖψις, εως, ἡ	환난, 큰 어려움	ἕκτος, η, ον	여섯 번째의
προσκυνέω	엎드려 절하다, 경배하다	ἔνατος, η, ον	아홉 번째의
ὅπου	어디에(where)	σείω	흔들다
ἀπέρχομαι	떠나가다	διώκω	뒤쫓다, 박해하다
διάλεκτος, ου, ἡ	언어, 방언	καταπίπτω	쓰러지다, 넘어지다
φωνή, ῆς, ἡ	소리, 목소리		

1. θέλω λαβεῖν αὐτοὺς ἄφεσιν ἁμαρτιῶν. (행 26:18 참조)

2. Ἰδὼν δὲ ὁ Ἰησοῦς ὄχλον περὶ αὐτὸν ἐκέλευσεν ἀπελθεῖν εἰς τὸ πέραν.[32] (마 8:18)

3. εἶπεν διὰ τοῦ πνεύματος λιμὸν μεγάλην μέλλειν ἔσεσθαι ἐφ' ὅλην τὴν οἰκουμένην. (행 11:28 참조)

4. λέγετε ὅτι δοῦλοι ἀχρεῖοί ἐσμεν, ὃ ὠφείλομεν ποιῆσαι πεποιήκαμεν. (눅 17:10)

5. διὰ πολλῶν θλίψεων δεῖ ἡμᾶς εἰσελθεῖν εἰς τὴν βασιλείαν. (행 14:22)

---

32) 부사도 형용사처럼 독립적 용법으로 쓰일 수 있다. 형용사 앞에 관사가 붙어 독립 용법으로 쓰이듯이 여기서도 부사 앞에 관사가 붙어서 독립 용법으로 쓰이고 있다.

6. ταῦτα αὐτοῦ λαλοῦντος αὐτοῖς, ἄρχων εἷς ἐλθὼν προσεκύνει αὐτῷ λέγων ὅτι ἡ θυγάτηρ μου ἄρτι ἐτελεύτησεν. (마 9:18)

7. λειτουγούντων δὲ αὐτῶν τῷ κυρίῳ καὶ νηστευόντων εἶπεν τὸ πνεῦμα τὸ ἅγιον. (행 13:2)

8. τοῦ δαιμονίου ἐξέλθοντος ἐλάλησεν ὁ κωφὸς καὶ ἐθαύμασαν οἱ ὄχλοι. (눅 11:14)

9. ἐξέλθοντος αὐτοῦ ἐκ τοῦ πλοίου εὐθὺς ὑπήντησεν αὐτῷ ἄνθρωπος ἐν πνεύματι ἀκαθάρτῳ. (막 5:2)

10. καὶ γενομένης ὥρας ἕκτης σκότος ἐγένετο ἐφ᾽ ὅλην τὴν γῆν ἕως ὥρας ἐνάτης. (막 15:33)

11. καὶ εἰσελθόντος αὐτοῦ εἰς Ἱεροσόλυμα ἐσείσθη πᾶσα ἡ πόλις λέγουσα· τίς ἐστιν οὗτος; (마 21:10)

12. πάντων καταπεσόντων ἡμῶν εἰς τὴν γῆν ἤκουσαν φωνὴν λέγουσαν πρός με τῇ Ἑβραΐδι διαλέκτῳ· Σαοὺλ Σαούλ, τί με διώκεις; (행 26:14)

13. καὶ πορευομένων αὐτῶν ἐν τῇ ὁδῷ εἶπεν τις πρός αὐτόν· ἀκολουθήσω σοι ὅπου ἐὰν ἀπέρχῃ. (눅 9:57)

14. οὐκ ᾔδειτε ὅτι ἐν τοῖς τοῦ πατρός μου δεῖ εἶναί με; (눅 2:49)

μαθημα

22

부정사의 격(case) 표시,
속격/여격/대격의 다른 쓰임새,
그 밖에 기억할 문법 사항들

1. 부정사의 격 표시(articular infinitive)

❶ 부정사가 명사적으로 쓰일 때 부정사의 격을 표시해 주어야 할 때가 있다. 이때 우리는 중성 관사인 τό를 빌려서 부정사 앞에 쓰고, τό를 격변화 시킴으로 부정사의 격을 표시할 수 있다.

예 ① τὸ ζῆν Χριστός καὶ τὸ ἀποθανεῖν κέρδος. (빌 1:21)

② ἐν τῷ λέγειν αὐτοὺς ταῦτα

❷ 때로는 부정사 앞에 속격 관사가 붙어서 독립적으로 특별한 뜻을 나타내기도 한다. 이때 속격 부정사는 목적을 나타낸다.

예 Παῦλος καὶ Βαρναβᾶς ταῦτα λέγοντες κατέπαυσεν τοὺς ὄχλους τοῦ μὴ θύειν αὐτοῖς. (행 14:18 참조)

2. 속격/여격/대격의 다른 쓰임새

❶ 속격

① 시간의 속격(genitive of time): 어떠한 종류/성격(the kind of time)의 시간을 가리킬 때 나타난다.

예 ἦλθεν πρὸς αὐτὸν νυκτός. (요3:2)

② '~의 아들/어머니'을 나타내는 속격(genitive of relationship)

예 Σίμων Ἰωάννου (요21:15)

Μαρία ἡ Ἰακώβου (눅 24:10)

❷ 여격

① 수단의 여격: 이미 수동태를 공부할 때 만나본 적이 있는 용법이다.

예 ἐξέβαλεν τὰ πνεύματα λόγῳ. (마 8:16)

② 시간의 여격: 어느 시점(a point in time)을 가리킬 때 여격을 써서 나타낼 수 있다.

예 τῇ τρίτῃ ἡμέρᾳ ἐγερθήσεται. (마 17:23)

◉ 대격

① 대격이 시간의 경과(extent of time)를 나타낼 때가 있다.

　🔵 καὶ ἔμεινεν ἐκεῖ δύο ἡμέρας. (요 4:40)

② 그밖에 대격이 문장 내의 다른 부분들과 연계됨이 없이 독립적으로 특별한 뜻을 나타내는 경우가 있다. 이를 관점의 대격(accusative of respect)이라 부른다.

　🔵 εἶπεν ὁ Ἰησοῦς· ποιήσατε τοὺς ἀνθρώπους ἀναπεσεῖν. ἀνέπεσαν οὖν οἱ ἄνδρες τὸν ἀριθμὸν ὡς πεντακισχίλιοι. (요 6:10)

시간의 속격, 여격, 대격

위에서 우리는 시간을 나타낼 때 속격과 여격과 대격이 쓰이는 경우들을 살펴보았다. 우리말로 그 미세한 차이를 다 표현하기 쉽지 않지만, 속격과 여격과 대격을 쓸 때 각각의 강조점을 염두에 둔다면 그런 표현을 쓴 사람의 강조점을 조금이나마 짐작할 수 있을 것이다. 시간을 나타낼 때 속격을 썼다면, 그 시간의 종류(the kind of time, the time during)에, 여격을 썼다면 어떤 시점(a point in time)에, 대격을 썼다면 시간의 경과(extent of time)에 초점을 두고 있는 것으로 생각해 볼 수 있다.

---

3. ἵνα의 특수 용법

◉ 동격

① αὕτη ἐστιν ἡ αἰώνιος ζωὴ ἵνα γινώσκωσιν σὲ τὸν μόνον ἀληθινὸν θεόν. (요 13:34)

② τοῦτο γὰρ ἐστιν τὸ θέλημα τοῦ πατρός μου, ἵνα πᾶς ὁ θεωρῶν καὶ πιστεύων εἰς αὐτὸν ἔχῃ ζωὴν αἰώνιον. (요 6:40)

◉ 부정사처럼 명사적으로 쓰이는 경우

① συμφέρει ὑμῖν ἵνα ἐγὼ ἀπέλθω. (요 16:7)

　⇒ 여기서 ἵνα절은 주어 역할을 하는 부정사와 같은 역할을 하고 있다.

② ἐντολὴν καινὴν δίδωμι ὑμῖν, ἵνα ἀγαπᾶτε ἀλλήλους. (요 13:34)

⇒ 여기서 ἵνα절은 목적격 부정사의 역할을 하고 있다. '새 계명'과는 동격인 셈이다.

명령

㉠ τὸ θυγάτριόν μου ἐσχάτως ἔχει,[33] ἵνα ἐλθὼν ἐπιθῇς τὰς χεῖρας
αὐτῇ ἵνα σωθῇ καὶ ζήσῃ. (마 5:23)

4. ὁ μὲν ~, ὁ δὲ ~ 용법

정관사가 μέν, δέ와 함께 쓰여서 명사의 기능을 하는 경우가 있다.

① ὁ δὲ ἐξελθὼν ἤρξατο κηρύσσειν πολλὰ[34] καὶ διαφημίζειν τὸν λόγον,
ὥστε μηκέτι αὐτὸν δύνασθαι φανερῶς εἰς πόλιν εἰσελθεῖν. (막 1:45)

② οἱ δὲ εἶπαν[35] αὐτῷ· δυνάμεθα. ὁ δὲ Ἰησοῦς εἶπεν αὐτοῖς·
τὸ ποτήριον ὃ ἐγὼ πίνω πίεσθε καὶ τὸ βάπτισμα ὃ ἐγὼ βαπτίζομαι
βαπτισθήσεσθε. (막10:39)

---

33) ἔχω 동사가 부사와 함께 쓰여서 '상태'를 나타내는 경우가 있다.
34) 중성명사 또는 형용사 중성형이 독립적 용법으로 쓰일 때 부사와 같은 기능을 할 수 있다.
35) 헬레니즘 시대 코이네 헬라어에서는 때때로 제2단순과거에 단순과거 인칭어미를 붙여 동사활용을 하는 경우가 있다. 본래 εἶπον이 되어야 하는데, ἔλυσαν 처럼 변화한 것이다.

○.

1. 다음 중 아래의 밑줄 친 곳에 들어갈 알맞은 관사를 골라 보시오.

    ἐν _____ λέγειν αὐτοὺς ταῦτα

    ① τὸ   ② τοῦ   ③ τῷ   ④ τὸν

2. 다음 중 아래의 밑줄 친 곳에 들어갈 알맞은 관사를 골라 보시오.

    κατέπαυσεν τοὺς ὄχλους _____ μὴ θύειν αὐτοῖς.

    ① τὸ   ② τοῦ   ③ τῷ   ④ τὸν

3. 다음 중 아래의 밑줄 친 곳에 들어갈 알맞은 명사를 골라 보시오.

    ἦλθεν πρὸς αὐτὸν _____. (요 3:2)

    ① νύξ   ② νυκτός   ③ νυκτί   ④ νύκτα

4. 다음 중 아래의 밑줄 친 곳에 들어갈 알맞은 명사를 골라 보시오.

    καὶ ἔμεινεν ἐκεῖ _____. (요 4:40)

    ① δύο ἡμέραι   ② δύο ἡμερῶν
    ③ δύο ἡμέραις   ④ δύο ἡμέρας

5. 다음 중 아래의 밑줄 친 곳에 들어갈 알맞은 단어를 골라 보시오.

    ἐντολὴν καινὴν δίδωμι ὑμῖν, _____ ἀγαπᾶτε ἀλλήλους.
    (요13:34)

    ① ὅτι   ② ἵνα   ③ ἐὰν   ④ εἰ

정답 | 1. ③ 2. ② 3. ② 4. ④ 5. ②

κέρδος, ους, τό	이득, 유익	ὕδωρ, ατος, τό	물
καταπαύω	멈추다, 쉬게 하다	κωλύω	방해하다, 막다
θύω	희생제물을 드리다	ὅστις, ἥτις, ὅ τι	누구나(whoever)
ἐκεῖ	거기에	παράκειμαι	곁에 놓여있다
ἀναπίπτω	기대앉다	κατεργάζομαι	이루어내다
ἀριθμός, οῦ, ὁ	수(number)	ἐργάζομαι	일하다, 역사하다
πεντακισχίλιοι, αι, α	5,000	ζηλόω	열심 내다
μόνος, η, ον	유일한, 하나뿐인	προφητεύω	예언하다
συμφέρω	유익하다, 득이 되다	ἔξεστι	(+ inf.) ~하는 것이 허용 되다
θυγάτριον, ου, τό	어린 딸	σάββατον, ου, τό	일곱째 날, 안식일, 한 주 간 (* 복수로 쓰여서 안식 일 하루를 가리키는 경우 도 있을 수 있다)
ἐσχάτως	(부사) 마지막으로	κακοποιέω	나쁜 짓을 하다
ἐπιτίθημι	~위에 올려 두다	ἀποκτείνω	죽이다(kill)
διαφημίζω	소문을 널리 퍼뜨리다	σιωπάω	침묵하다, 조용히 하다
μηκέτι	더는 ~ 아니	ἀσθενέω	아프다, 앓다
φανωρῶς	드러내놓고	τρεῖς, τρία	3 (three)
ποτήριον, ου, τό	잔, 컵	ἐσθίω	먹다, φάγομαι(미래), ἔφαγον(제2단순과거)
πίνω	마시다, πίομαι(미래), ἔπιον(제2단순과거)	ἐπιβαρέω	짐늘 지우다, 내리 누르다
προσέχω	관심을 기울이다	ἀπαιτέω	(도로) 요구하다
		ἀγγελία, ας, ἡ	메시지, 지시

1. προσεῖχον οἱ ὄχλοι τοῖς λεγομένοις ὑπὸ τοῦ Φιλίππου ἐν τῷ ἀκούειν καὶ βλέπειν τὰ σημεῖα ἃ ἐποίει. (행 8:6)

2. μήτι τὸ ὕδωρ δύναται κωλῦσαί τις τοῦ μὴ βαπτισθῆναι τούτους, οἵτινες τὸ πνεῦμα τὸ ἅγιον ἔλαβον ὡς καὶ ἡμεῖς; (행 10: 47)

3. τὸ θέλειν παράκειταί μοι, τὸ δὲ κατεργάζεσθαι τὸ καλὸν οὔ. (롬 7: 18)

4. ζηλοῦτε τὸ προφητεύειν. (고전 14:39)

5. καὶ λέγει αὐτοῖς· ἔξεστιν τοῖς σάββασιν ἀγαθὸν ποιῆσαι ἢ κακοποιῆσαι, ψυχὴν σῶσαι ἢ ἀποκτεῖναι; οἱ δὲ ἐσιώπων. (막 3:4)

6. ὁ δὲ ἠρνήσατο ἔμπροσθεν πάντων λέγων· οὐκ οἶδα τί λέγεις. (마 26:70)

7. ὡς οὖν ἤκουσεν ὅτι ἀσθενεῖ, τότε μὲν ἔμεινεν ἐν ᾧ ἦν τόπῳ δύο ἡμέρας. (요 11:6)

8. καὶ ἦν ἡμέρας τρεῖς μὴ βλέπων καὶ οὐκ ἔφαγεν οὐδὲ ἔπιεν. (행 9:9)

9. εἶδεν ἄλλους δύο ἀδελφούς, Ἰάκωβον τὸν τοῦ Ζεβεδαίου καὶ Ἰωάννην τὸν ἀδελφόν. (마 4:21)

10. νυκτὸς καὶ ἡμέρας ἐργαζόμενοι πρὸς τὸ μὴ ἐπιβαρῆσαί τινα ὑμῶν ἐκηρύξαμεν εἰς ὑμᾶς τὸ εὐαγγέλιον τοῦ θεοῦ. (살전 2:9)

11. ταύτῃ τῇ νυκτὶ τὴν ψυχήν σου ἀπαιτοῦσιν[36] ἀπὸ σοῦ. (눅 12:20)

12. αὕτη ἐστιν ἡ ἀγγελία ἣν ἠκούσατε ἀπ᾽ ἀρχῆς, ἵνα ἀγαπῶμεν ἀλλήλους. (요1서 3:11)

---

36) 3인칭 복수 동사가 때로는 불특정한 사람 일반을 가리킬 때가 있다. 문법적으로는 'indefinite plural'이라고 부른다. 이런 경우 목적어를 주어로 하여 수동태 문장으로 번역하는 것이 좋다. 때로는 실제적으로는 하나님이 주어일 때 이를 에둘러 표현하기 위해 이런 3인칭 복수 동사를 쓰기도 한다. 따라서 위의 문장은 '이 밤에 하나님이 너의 영혼을 요구하실 것이다.'로 옮길 수 있다.

23

신약성경 원전 강독 연습 (1)
마가복음 3장 1-6절

지금까지 우리는 앞선 22강을 통해 신약성경 헬라어의 기초 문법을 공부하였다. 그리고 매 강좌 끝에서 문법 확인 문제와 실제 신약성경에 기초해서 발췌한 짧은 연습 문제들을 공부하였다. 이제부터 3회에 걸쳐서는 신약성경의 조금 긴 하나의 단락을 읽고 번역하는 연습을 해 보도록 할 것이다. 이는 지금까지 배운 문법 지식을 원전 강독에 적용해 보며 전체적으로 정리하고 점검하는 기회가 될 것이다.

마가복음 3장 1-6절

1 Καὶ εἰσῆλθεν πάλιν εἰς τὴν συναγωγήν. καὶ ἦν ἐκεῖ ἄνθρωπος ἐξηραμμένην ἔχων τὴν χεῖρα.

2 καὶ παρετήρουν αὐτὸν εἰ τοῖς σάββασιν θεραπεύσει αὐτόν, ἵνα κατηγορήσωσιν αὐτοῦ.

3 καὶ λέγει τῷ ἀνθρώπῳ τῷ τὴν ξηρὰν χεῖρα ἔχοντι· ἔγειρε εἰς τὸ μέσον.

4 καὶ λέγει αὐτοῖς· ἔξεστιν τοῖς σάββασιν ἀγαθὸν ποιῆσαι ἢ κακοποιῆσαι, ψυχὴν σῶσαι ἢ ἀποκτεῖναι; οἱ δὲ ἐσιώπων.

5 καὶ περιβλεψάμενος αὐτοὺς μετ᾽ ὀργῆς, συλλυπούμενος ἐπὶ τῇ πωρώσει τῆς καρδίας αὐτῶν λέγει τῷ ἀνθρώπῳ· ἔκτεινον τὴν χεῖρα. καὶ ἐξέτεινεν καὶ ἀπεκατεστάθη ἡ χεὶρ αὐτοῦ.

6 Καὶ ἐξελθόντες οἱ Φαρισαῖοι εὐθὺς μετὰ τῶν Ἡρῳδιανῶν συμβούλιον ἐδίδουν κατ᾽ αὐτοῦ ὅπως αὐτὸν ἀπολέσωσιν.

문법 해설

1절

Καὶ εἰσῆλθεν πάλιν εἰς τὴν συναγωγήν. καὶ ἦν ἐκεῖ ἄνθρωπος ἐξηραμμένην ἔχων τὴν χεῖρα.

① Καὶ – 접속사, "그리고"
② εἰσῆλθεν – εἰσ + ἦλθεν의 합성동사이다. ἦλθεν은 ἔρχομαι(오다, 가다)의 제2단순과거 3인칭 단수형이다. "들어갔다."
③ πάλιν – 부사, "다시"
④ εἰς τὴν συναγωγήν. – εἰς는 대격과 함께 쓰이는 전치사, "~ 안으로." τὴν은 관사 여성 단수 대격이다. συναγωγήν은 1변화 여성 명사 συναγωγή (회당)의 단수 대격이다. 그래서 이 구절은 "회당 안으로"를 뜻한다.

⇒ ①~④를 합치면, "그리고 그가 다시 회당 안으로 들어가셨다."

⑤ καὶ - 접속사, "그리고"

⑥ ἦν - εἰμί (be) 동사의 미완료 3인칭 단수

⑦ ἐκεῖ - 부사, "거기에"

⑧ ἄνθρωπος - 2변화 남성 단수 주격, "(어떤) 사람이"

⑨ ἐξηραμμένην - ξηραίνω(dry up, 마르다) 동사의 현재완료 수동태 분사 여성 단수 대격이다. 규칙동사 λύω를 기준으로 생각해 보면, λελυμένος, η, ον이 되어야 한다. ἐξηραμμένην의 경우에는 약간의 불규칙한 모습이 보이는 셈이다. 그런데 ἐξηραμμένην가 현재완료 시제임을 알 수 있는 결정적 증거는, 악센트가 피널트에 위치한다는 점이다. 동사의 일반적인 악센트 규칙을 따르자면 악센트가 안티피널트에 있어야 하지만 현재완료 수동 분사는 늘 피널트에 악센트를 가지기 때문이다. 이 분사는 ⑪에서 설명하게 될, 여성 단수 대격 명사와 관련하여 부가 정보를 주고 있다. "말라 있는"을 뜻한다.

⑩ ἔχων - ἔχω (have) 동사의 능동태 분사 남성 단수 주격이다. "가지고 있는"을 뜻한다. 앞에 나온 남성 단수 주격 명사 ἄνθρωπος를 수식한다.

⑪ τὴν χεῖρα. - τὴν은 관사 여성 단수 대격이다. χεῖρα는 3변화 여성 명사 χεῖρ, χειρός, ἡ (손, hand)의 단수 대격이다. "손을"을 뜻한다.

⇒ 우선 ⑨~⑪을 합치면, "말라 있는 손을 가지고 있는"이 된다. "말라 있는"이 "손"을 수식하고, "말라 있는 손"은 대격으로, 분사 ἔχων의 목적어 역할을 한다. 그런데 ἔχων은 남성 단수 주격으로서 앞에 나오는 남성 단수 주격 명사 ἄνθρωπος를 수식한다. 따라서, ⑤~⑪을 합치면, "그리고 거기에 [말라 있는 손을 가지고 있는] (어떤) 사람이 있었다."가 된다.

⇒ 1절 전체를 종합하면, "그리고 그가 다시 회당 안으로 들어가셨다. 그리고 거기에는 마른 손을 가진 어떤 사람이 있었다."

2절

καὶ παρετήρουν αὐτὸν εἰ τοῖς σάββασιν θεραπεύσει αὐτόν, ἵνα κατηγορήσωσιν αὐτοῦ.

① καὶ - 접속사, "그리고"

② παρετήρουν - παρατηρέω(지켜보다) 동사의 미완료 3인칭 복수. παρα + τηρέω의 합성동사이다. 그래서 미완료 시제에서 덧붙는 접두모음 ε이 합성된 두 부분의 사이에 왔다. τηρέω는 -έω 동사여서 인칭어미와 단축을 일으킨다. (ἐτήρεον → ἐτήρουν). "그들이 지켜보고 있었다."

③ αὐτὸν - 3인칭대명사 남성 단수 대격. "그를"

④ εἰ - "만약에"를 뜻하는 접속사. 그런데 영어에서처럼 "~인지 아닌지"를 뜻할 수도 있다. 가정법과 함께 쓰여서 "만약에"를 뜻하는 단어 ἐάν과 달리 εἰ 절에는 항상 직설법 동사가 온다.

⑤ τοῖς σάββασιν - τοῖς는 남성 또는 중성 관사 복수 여격이다. σάββατον, ου, τό(안식일)의 복수 여격이다. 이 명사의 복수여격은 통상적인 2변화 중성명사의 변화와 다른 형태를 보이고 있다. 형태는 복수형이지만, 안식일날 하루를 가리키는 데 자주 사용된다. 이 여격은 '시간'을 나타내는 표현이다. 그래서 "안식일에"를 뜻한다.

⑥ θεραπεύσει - θεραπεύω(고치다, 낫게 하다) 동사의 미래 3인칭 단수. "그가 고칠 것이다."

⑦ αὐτὸν - 3인칭대명사 남성 단수 대격. "그를"
　⇒ ①~⑦을 합치면, "그들이 그를(=예수님) 지켜보고 있었다. 그가(=예수님) 그를 (=손 마른 사람) 고쳐주는지 아닌지"

⑧ ἵνα - 접속사, 가정법 동사와 함께 쓰여서 목적을 나타낸다. "~하도록, ~하기 위해서."

⑨ κατηγορή ωσιν - κατηγορέω(고발하다) 동사의 가정법 단순과거 3인칭 복수. 속격 목적어를 취한다.

⑩ αὐτοῦ. - 3인칭대명사 남성 또는 중성 단수 속격.
　⇒ ⑧~⑩을 합치면, "그들이 그를 고발하기 위해서였다."
　⇒ 2절 전체를 번역하면, "그들이 그를(=예수님) 지켜보고 있었다. 그가(=예수님) 그를(=손 마른 사람) 고쳐주는지 아닌지. 그들이 그를 고발하기 위해서였다."

3절

καὶ λέγει τῷ ἀνθρώπῳ τῷ τὴν ξηρὰν χεῖρα ἔχοντι· ἔγειρε εἰς τὸ μέσον.

① καὶ – 접속사, "그리고"

② λέγει – λέγω(말하다) 동사의 현재 능동태 3인칭 단수

③ τῷ ἄνθρωπῳ – 2변화 남성 명사 ἄνθρωπος(사람)의 단수 여격. τῷ는 정관사 남성 단수 여격.

④ τῷ τὴν ξηρὰν χεῖρα ἔχοντι· – τῷ는 정관사 남성 단수 여격. ἔχω(have) 동사의 현재 능동태 분사 남성 단수 여격 ἔχοντι와 호응. 그래서 "~를 가진 사람에게"를 뜻한다. 그 사이에 τὴν ξηρὰν χεῖρα는 ἔχω 동사의 목적어에 해당한다. τὴν은 정관사 여성 단수 대격, χεῖρα는 3변화 명사 χείρ, χειρός, η(의 여성 단수 대격이다. 그래서 "손을"을 뜻한다. 그런데 정관사와 명사 사이에 여성 단수 대격 형용사 ξηρὰν이 와서 손을 꾸며주고 있다. ξηρὰν은 1,2변화 형용사 ξηρός, ά, όν(dry)의 여성 단수 대격이다. 다 합치면, "마른 손을 가진 사람에게"가 된다.

⇒ ①~④를 합치면, "그리고 그가(=예수님이) 그 마른 손 가진 사람에게 말씀하신다." 가 된다.

⑤ ἔγειρε – ἐγείρω(일어서다) 동사의 2인칭 단수 명령형.

⑥ εἰς τὸ μέσον. – εἰς(into)는 대격을 목적어로 취하는 전치사. τὸ는 정관사 중성 단수 주격이나 대격(여기서는 대격으로 쓰였다). μέσον는 1, 2변화 형용사 μέσος, η, ον(가운데의)의 중성 단수 대격. 정관사와 함께 쓰여서 독립용법으로 "가운데 자리"를 뜻한다.

⇒ ⑤~⑥을 합치면, "가운데로 일어서라." 곧 "일어서 가운데 쪽으로 나오라"는 뜻.

⇒ ①~⑥을 종합하면, "그가 그 손 마른 사람에게 말씀하신다. '일어서서 가운데로 나오시오.'"

4절

καὶ λέγει αὐτοῖς· ἔξεστιν τοῖς σάββασιν ἀγαθὸν ποιῆσαι ἢ κακοποιῆσαι, ψυχὴν σῶσαι ἢ ἀποκτεῖναι; οἱ δὲ ἐσιώπων.

① καὶ λέγει – 3절의 설명 참조. "그리고 그가 말씀하신다."

② αὐτοῖς· – 3인칭대명사 남성 복수 여격. "그들에게" 2절에서 "지켜보고 있었다."

동사의 주어에 해당하는 사람들을 가리킨다.

⇒ ①∼②를 합치면, "그가(=예수님이) 그들에게 말씀하신다."

③ ἔξεστιν - ἔξεστι 는 'it is possible~' 또는 'it is allowed~'를 뜻하는 비인칭동 사로 보충적 부정사와 함께 쓰인다. 3인칭 단수 형태이다.

④ τοῖς σάββασιν - 2절의 설명 참조. "안식일에"

⑤ ἀγαθόν - 1,2변화 형용사 ἀγαθός, ή, όν (좋은)의 남성 단수 대격 또는 중성 단수 주격이나 대격이 될 수 있다. 여기서는 중성 단수 대격으로, 단독으로 독립적 용법으로 쓰여 "좋은 일" 또는 "좋은 것"을 뜻한다. 뒤에 나오는 동사의 목적어 역 할을 한다.

⑥ ποιῆσαι - ποιέω 동사의 단순과거 부정사이다. "행하는 것." 단순과거 부정사 의 어미는 -σαι 이다.

⑦ ἢ - 접속사, "또는"

⑧ κακοποιῆσαι, - κακοποιέω (나쁜 짓을 하다) 동사의 단순과거 부정사이다. "나쁜 짓을 하는 것"

⑨ ψυχὴν - ψυχή, ῆς, η (영혼, 목숨, 생명)의 여성 단수 대격.

⑩ σῶσαι - σῴζω 동사의 단순과거 부정사. ζ가 부정사에서 탈락된 것은 σ 앞에서 나타나는 통상적인 음운 현상이다.

⑪ ἢ - 접속사, "또는"

⑫ ἀποκτεῖναι; - ἀποκτείνω (죽이다) 동사의 단순과거 부정사. 이 동사는 유음 동사에 해당한다. 유음동사의 단순과거에서는 특징적인 σ가 나타나지 않는다. 헬 라어에서는 세미콜론이 물음표에 해당한다.

⇒ ③∼⑫를 합치면, "안식일에 좋은 일을 하는 것이 가한가, 혹은 나쁜 짓을 하는 것이 가한가? 생명을 살리는 것이 (가한가), 죽이는 것이 (가한가?)

⑬ οἱ δὲ - οἱ는 정관사 남성 복수 주격이다. 이 정관사가 δὲ와 함께 쓰여 "어떤 사 람들은"이라는 뜻으로 쓰일 수 있다.

⑭ ἐσιώπων. - σιωπάω (입다물고 있다, 조용히 하다) 동사의 미완료 1인칭 단수 또는 3인칭 복수. -άω 단축동사로 ἐσιώπαον에서 -αο-가 단축되어 -ω-가 된 것에 주의할 필요가 있다.

⇒ ⑬∼⑭를 합치면, "그들은 아무 말이 없었다."

⇒ ①∼⑭ 전체를 종합하면, "그가 그들에게 말씀하신다. '안식일에 좋은 일을 하는 것이 가한가, 나쁜 짓을 하는 것이 가한가? 생명을 살리는 것이 가한가, 죽이는 것이 가한가?' 그러자 그들은 아무 말이 없었다."

καὶ περιβλεψάμενος αὐτοὺς μετ' ὀργῆς, συλλυπούμενος ἐπὶ τῇ πωρώσει τῆς καρδίας αὐτῶν λέγει τῷ ἀνθρώπῳ· ἔκτεινον τὴν χεῖρα. καὶ ἐξέτεινεν καὶ ἀπεκατεστάθη ἡ χεὶρ αὐτοῦ.

① καὶ – 접속사, "그리고."

② περιβλεψάμενος – περιβλέπω(둘러보다) 동사의 단순과거 중간태 분사. –μενος는 중간태나 수동태 분사의 어미이다. 중간태는 동작의 결과가 자기 자신에게 영향을 미치는 경우에 사용된다.

③ αὐτοὺς – 3인칭대명사, 남성 복수 대격. "그들을"

④ μετ' ὀργῆς, – 전치사 μετά는 속격 목적어를 취하는 전치사. "with (~과 함께; ~를 가지고)." ὀργῆς는 ὀργή, ῆς, ἡ(화, 분노)의 여성 단수 속격. "with anger(분노해서)."

   ⇒ ①~④를 합치면, "그리고 화가 나서 그들을 둘러보시고는."

⑤ συλλυπούμενος – συλλυπέω(함께 괴로워하다, 함께 고통을 느끼다) 동사의 현재 수동태 분사 남성 단수 주격. 단축동사여서 축약이 일어났다.

   cf. (συλλυπεομενος → συλλυπουμενος)

⑥ ἐπὶ τῇ πωρώσει τῆς καρδίας αὐτῶν – ἐπί는 여격을 목적으로 취하는 전치사로, 이유를 나타내는 의미로 쓰일 수 있다. τῇ는 정관사 여성 단수 여격. πωρώσει는 3변화 명사 πώρωσις, εως, ἡ(무감각, 완고함)의 여성 단수 여격. τῆς는 정관사 여성 단수 속격. καρδίας는 1변화 여성 명사 καρδία의 여성 단수 속격. αὐτῶν은 3인칭 인칭대명사 남성 복수 속격. "그들의 마음의 완고함 때문에"

   ⇒ ⑤~⑥을 합치면, "그들의 마음의 완고함 때문에 몹시 괴로워하시면서."

⑦ λέγει τῷ ἀνθρώπῳ· – "그가(=예수님이) 그 사람에게 말씀하시다." 오른쪽 위의 작은 점은 헬라어에서 세미콜론의 역할을 한다.

⑧ ἔκτεινον – ἐκτείνω(내뻗다) 동사의 단순과거 능동태 2인칭 단수 명령형. 유음동사여서 단순과거 시제의 특징인 σ는 생략되었다. 규칙동사를 기준으로 하면, 2인칭 단순과거 능동태 명령형은 λῦσον이다.

⑨ τὴν χεῖρα. – 위 설명 참조. "그 손을"

⑩ καὶ ἐξέτεινεν – ἐκτείνω(내뻗다) 동사의 단순과거 3인칭 단수. 유음동사임에 주의. κ가 ξ가 된 까닭은 발음 때문이다. 이런 현상이 종종 일어난다.

⑪ καὶ ἀπεκατεστά   – ἀποκατιστάνω(회복하다) 동사의 단순과거 수동태 3인칭 단수.

⑫ ἡ χεὶρ αὐτοῦ. – 위 설명 참조. "그의 손이"

　⇒ ⑧~⑫를 합치면, "그 손을 내뻗어라. 그리고 그가 내뻗었고, 그의 손이 회복되었다."

　⇒ 전체를 종합하면, "화가 나서 그들을 둘러보시고는, 그들의 마음의 완고함 때문에 몹시 괴로워하시면서, 그 사람에게 말씀하신다. '손을 내뻗어 보세요.' 그러자 그가 내뻗었고, 그의 손이 회복되었다."

6절

Καὶ ἐξελθόντες οἱ Φαρισαῖοι εὐθὺς μετὰ τῶν Ἡρῳδιανῶν συμβούλιον ἐδίδουν κατ᾽ αὐτοῦ ὅπως αὐτὸν ἀπολέσωσιν.

① Καὶ – 접속사, "그리고."

② ἐξελθόντες – ἐξέρχομαι (나가다) 동사의 단순과거 능동태 분사 남성 복수 주격. ἔρχομαι의 제2단순과거는 ἦλθον이다. 이 제2단순과거의 분사는, ἐλθών, οὖσα, όν 형태이며, 남성과 중성은 3변화, 여성은 1변화를 따른다.

③ οἱ Φαρισαῖοι – 남성 복수 주격, "바리새파 사람들이"

④ εὐθὺς – 부사, "곧바로"

⑤ μετὰ τῶν Ἡρῳδιανῶν – μετά는 속격 목적어를 취하는 전치사, τῶν Ἡρῳδιανῶν은 남성 복수 속격 관사와 명사이다. "헤롯당 사람들과 함께"

⑥ συμβούλιον ἐδίδουν – συμβούλιον은 2변화 중성명사로 '회의, 모임'을 뜻한다. 여기서는 대격으로 뒤에 오는 동사의 목적어로 쓰였다. ἐδίδουν은 δίδωμι(주다) 동사의 미완료 3인칭 복수이다. 합쳐서 "회의를 열었다"는 뜻이 된다. 여기서는 '모의를 했다.'는 부정적인 느낌으로 옮길 수 있다.

⑦ κατ᾽ αὐτοῦ – κατά는 속격을 목적어로 취해서 '거슬러(against)'의 뜻으로도 쓰인다. "aginst him" (그를 거슬러).

⑧ ὅπως – ἵνα 처럼 목적절을 이끄는 접속사. 뒤에 가정법 동사가 와야 한다.

⑨ αὐτὸν – 3인칭대명사 남성 단수 대격.

⑩ ἀπολέσ σιν. – ἀπόλλυμι 동사의 단순과거 가정법 3인칭 복수. "망하게 하려고(=없애 버리려고)." σ는 단순과거 시제임을, ω는 가정법임을 알려주는 신호이다. 가정법에서는 시제 접두모음 ε이 쓰이지 않는다.

⇒ 종합하면, "그리고 바리새파 사람들이 나가서 곧바로 그들은 헤롯당 사람들과 함께 그에게 거슬러 모의를 했다. 그를 없애버리려는 것이었다."

마가복음 3:1-6절 전체 번역

1 그리고 그가 다시 회당 안으로 들어가셨다. 그리고 거기에 마른 손을 가진 어떤 사람이 있었다.

2 그들이 그를(예수님을) 지켜보고 있었다. 예수님이 그 손 마른 사람을 고쳐주시는지 아닌지.

3 그러자 예수님이 그 마른 손 가진 사람에게 말씀하신다. "일어서서 가운데로 나오세요."

4 그리고 예수님이 (지켜보던) 사람들에게 말씀하신다. "안식일에 좋은 일을 하는 것이 가한가요, 나쁜 짓을 하는 것이 가한가요? 생명을 살리는 것이 가한가요, 죽이는 것이 가한가요?" 그들은 아무 말이 없었다.

5 그러자 예수님이 화가 나서 그들을 둘러보시고는, 그들의 마음의 완고함 때문에 몹시 괴로워하시면서, 그 사람에게 말씀하신다. "손을 내뻗어 보세요." 그러자 그가 내뻗었고, 그의 손이 회복되었다.

6 그러고 바리새파 사람들이 나가서 곧바로 헤롯당 사람들과 함께 예수님을 거슬러 모의를 했다. 예수님을 없애버리려는 것이었다.

24

μάθημα

신약성경 원전 강독 연습 (2):
요한1서 4장 1-6절

요한1서 4장 1-6절

1 Ἀγαπητοί, μὴ παντὶ πνεύματι πιστεύετε ἀλλὰ δοκιμάζετε τὰ πνεύματα εἰ ἐκ τοῦ θεοῦ ἐστιν, ὅτι πολλοὶ ψευδοπροφῆται ἐξεληλύθασιν εἰς τὸν κόσμον.

2 ἐν τούτῳ γινώσκετε τὸ πνεῦμα τοῦ θεοῦ· πᾶν πνεῦμα ὃ ὁμολογεῖ Ἰησοῦν Χριστὸν ἐν σαρκὶ ἐληλυθότα ἐκ τοῦ θεοῦ ἐστιν,

3 καὶ πᾶν πνεῦμα ὃ μὴ ὁμολογεῖ τὸν Ἰησοῦν ἐκ τοῦ θεοῦ οὐκ ἔστιν· καὶ τοῦτό ἐστιν τὸ τοῦ ἀντιχρίστου ὃ ἀκηκόατε ὅτι ἔρχεται, καὶ νῦν ἐν τῷ κόσμῳ ἐστὶν ἤδη.

4 Ὑμεῖς ἐκ τοῦ θεοῦ ἐστε, τεκνία, καὶ νενικήκατε αὐτούς, ὅτι μείζων ἐστὶν ὁ ἐν ὑμῖν ἢ ὁ ἐν τῷ κόσμῳ.

5 αὐτοὶ ἐκ τοῦ κόσμου εἰσίν, διὰ τοῦτο ἐκ τοῦ κόσμου λαλοῦσιν καὶ ὁ κόσμος αὐτῶν ἀκούει.

6 ἡμεῖς ἐκ τοῦ θεοῦ ἐσμεν· ὁ γινώσκων τὸν θεὸν ἀκούει ἡμῶν· ὃς οὐκ ἔστιν ἐκ τοῦ θεοῦ, οὐκ ἀκούει ἡμῶν. ἐκ τούτου γινώσκομεν τὸ πνεῦμα τῆς ἀληθείας καὶ τὸ πνεῦμα τῆς πλάνης.

문법 해설

1절

Ἀγαπητοί, μὴ παντὶ πνεύματι πιστεύετε ἀλλὰ δοκιμάζετε τὰ πνεύματα εἰ ἐκ τοῦ θεοῦ ἐστιν, ὅτι πολλοὶ ψευδοπροφῆται ἐξεληλύθασιν εἰς τὸν κόσμον.

① Ἀγαπητοί, – 형용사 남성 복수 주격 또는 호격. 여기서는 호격. 형용사 독립 용법으로 볼 수 있다. "사랑하는 자들아"
② μὴ – 부정어 (not). 주로 분사, 명령형, 가정법에서 부정어로 쓰인다. 직설법에서는 οὐ가 부정어로 쓰인다.

③ παντὶ πνεύματι – πᾶς, πᾶσα, πᾶν(all) 3변화 형용사의 남성이나 중성 단
수 여격. 여기서는 뒤에 나오는 중성 명사를 꾸미고 있으므로 중성이다. πνεῦμα,
ατος, τό(영, spirit) 3변화 명사의 단수 여격. "모든 영을." 뒤에 나오는 동사
πιεστεύω는 여격을 목적어로 취한다.

④ πιεστεύετε – πιεστεύω(믿다) 동사의 현재 직설법 2인칭 복수 또는 2인칭 복
수 명령. 여기서는 명령형으로 쓰였다.

⇒ ①~④를 합치면, "사랑하는 자들아, 모든 영을 믿지 마라."

⑤ ἀλλὰ – 접속사, "그러나, 오히려"

⑥ δοκιμάζετε – δοκιμάζω 동사의 현재 직설법 2인칭 복수 또는 2인칭 복수 명
령형. "검증해서 가려내라."

⑦ τὰ πνεύματα – πνεῦμα, ατος, τό(영, spirit) 3변화 명사의 중성 복수 주격
또는 대격. 여기서는 대격으로 쓰였다. "영들을."

⑧ εἰ – 접속사, "만약에" 또는 "~인지 아닌지"

⑨ ἐκ τοῦ θεοῦ ἐστιν, – ἐκ는 속격 목적어를 취하는 전치사(from, out of). 이
전치사는 εἰμί 동사와 함께 쓰여서 "~에 속하다"의 뜻을 가진다. τοῦ θεοῦ는 남
성 단수 속격 관사와 명사. 그래서 이 구절은 "하나님께 속하다."는 뜻이 된다.
ἐστιν은 3인칭 단수형 동사이다. 한편 이 동사의 내용상 주어는 ⑦에 나온 τὰ
πνεύματα이다. 중성 복수이다. 그렇다면 동사와 주어의 수(number)가 일치하
지 않는 것처럼 보일 수 있다. 그러나 중성 복수 주어는 단수 동사와 쓰일 수 있다.

⇒ ⑤~⑨를 합치면, "오히려, 영들이 하나님께 속해 있는지 아닌지 검증하여 가려
내라."

⑩ ὅτι – 이유를 나타내는 접속사(because). 때로는 단순히 명사절을 이끄는 접속사
로도 쓰인다.

⑪ πολλοὶ – πολύς, πολλή, πολύ 형용사의 남성 복수 주격. 뒤에 나오는 명사
를 꾸며 주고 있다. "많은."

⑫ ψευδοπροφῆται – ψευδοπροφήτης, ου, ὁ 명사의 복수 주격. 1변화를 하
는 남성명사이다. "거짓 예언자들이."

⑬ ἐξεληλύθασιν ἐξέρχομαι(나가다) 동사의 현재완료 3인칭 복수. 불규칙변화
에 해당하기 때문에 특별히 동사 변화표에서 확인해 둘 필요가 있다.

⑭ εἰς τὸν κόσμον. – "세상 속으로." κόσμος, ου, ὁ 2변화 남성 명사의 단수 대격.

⇒ ⑩~⑭를 합치면, "많은 거짓예언자들이 세상 속으로 들어와 있기 때문이다."

⇒ 전체를 종합하면, "사랑하는 자들아, 모든 영을 믿지 말고, 오히려 영들이 하나

님께 속해 있는지 검증하여 가려내라. 많은 거짓예언자들이 세상 속으로 들어와 있기 때문이다."

2절

ἐν τούτῳ γινώσκετε τὸ πνεῦμα τοῦ θεοῦ· πᾶν πνεῦμα ὃ ὁμολογεῖ Ἰησοῦν Χριστὸν ἐν σαρκὶ ἐληλυθότα ἐκ τοῦ θεοῦ ἐστιν,

① ἐν τούτῳ – ἐν은 여격 목적어를 취하는 전치사. "~안에, ~으로써". τούτῳ는 지시대명사 남성 또는 중성 단수 여격. "이것" → "이것으로써." 또는 "이것 안에서"
② γινώσκετε – γινώσκω "알다" 동사의 현재 직설법 2인칭 복수.
③ τὸ πνεῦμα τοῦ θεοῦ· – τὸ πνεῦμα는 중성 단수 주격 또는 대격. 여기서는 앞에 나오는 동사의 목적어로 쓰였다. τοῦ θεοῦ는 남성 단수 속격 관사와 명사. "하나님의 영을."
④ πᾶν πνεῦμα – πᾶς, πᾶσα, πᾶν "모든(all)" 형용사의 중성 단수 주격 또는 대격. "모든 영은"
⑤ ὃ – 관계대명사 중성 단수 주격 또는 대격. 앞에 나오는 πᾶν πνεῦμα가 선행사이다. 관계대명사는 선행사와 성, 수가 일치해야 한다. 관계대명사의 격은 관계문 안에서 결정된다. 이 경우에는 뒤에 나오는 ὁμολογεῖ 동사의 주어 역할을 하기 때문에 주격이 와야 한다.
⑥ ὁμολογεῖ – ὁμολογέω (고백하다, 인정하다) 동사의 현재 직설법 3인칭 단수.
⑦ Ἰησοῦν Χριστὸν – "예수 그리스도를"(단수 대격)
⑧ ἐν σαρκὶ – 3변화 명사 σάρξ, κος, ἡ, "살, 육체"의 단수 여격. "육체로써 (=육신을 가지고)"
⑨ ἐληλυθότα – ἔρχομαι (오다) 동사의 현재완료 능동태 분사, 남성, 단수, 대격. 앞에 나오는 "예수 그리스도를"과 호응.
⑩ ἐκ τοῦ θεοῦ ἐστιν, – ἐκ는 속격 목적어를 취하는 전치사(from, out of). 이 전치사는 εἰμί 동사와 함께 쓰여서 "~에 속하다"의 뜻을 가진다. τοῦ θεοῦ는 남성 단수 속격 관사와 명사. 그래서 이 구절은 "하나님께 속하다."는 뜻이 된다. ἐστιν은 3인칭 단수형 동사이다.
⇒ 종합하면, "이로써 너희는 하나님의 영을 알아차린다. 예수 그리스도께서 육체로 오신 것을 고백하는 모든 영은 하나님께 속한다."

καὶ πᾶν πνεῦμα ὃ μὴ ὁμολογεῖ τὸν Ἰησοῦν ἐκ τοῦ θεοῦ οὐκ ἔστιν· καὶ τοῦτό ἐστιν τὸ τοῦ ἀντιχρίστου ὃ ἀκηκόατε ὅτι ἔρχεται, καὶ νῦν ἐν τῷ κόσμῳ ἐστὶν ἤδη.

① καὶ πᾶν πνεῦμα ὃ μὴ ὁμολογεῖ τὸν Ἰησοῦν – 여기서는 2절에 설명된 내용들이 반복해서 나온다. 한 가지 차이점은 관계대명사 절 안에 부정어 μὴ가 온다는 것이다. 그래서 뜻은 "그리고 예수님을 고백하지 않는 모든 영은"이다. 이 구절이 ②에서 설명할 구절의 주어 역할을 한다. 직설법에서 쓰이는 부정어 ou)가 아니라 직설법 이외에서 쓰이는 부정어 μὴ가 온 점이 특이하다. 이로 보건대 가정적 뉘앙스가 깔려 있다고 볼 수 있다. "어떤 영이라도 예수님을 인정하지 않는 영이라면 그 영은 모두" 정도의 느낌으로 이해할 수 있다.

② ἐκ τοῦ θεοῦ οὐκ ἔστιν· – 앞에서 여러 번 나온 표현이다. "하나님께 속하지 않는다."

  ⇒ ①~②를 합치면, "그리고 예수님을 고백하지 않는 모든 영은 하나님께 속하지 않는다."

③ καὶ τοῦτό ἐστιν τὸ τοῦ ἀντιχρίστου – 직역하면, "그리고 이것은 적그리스도의 것이다." 이다. 그런데 여기서 지시대명사 'τοῦτό 이것'과 관사 'τὸ'가 가리키는 것은 둘 다 '영'이다. 따라서 주어 '이것'이 가리키는 것은 앞 구절에 나온 "예수님을 고백하지 않는 영"으로 이해할 수 있다. 따라서 이 구절의 뜻은 "그리고 이것(=예수님을 고백하지 않는 영)은 적그리스도의 영이다." 정도로 볼 수 있다.

④ ὃ ἀκηκόατε ὅτι ἔρχεται, – ὃ는 관계대명사 중성 단수 주격 또는 대격. 앞에 나오는 "적그리스도의 영"을 선행사로 받는다. ἀκηκόατε는 ἀκούω(듣다) 동사의 직설법 현재완료 2인칭 복수이다. ὅτι ἔρχεται는 "듣다" 동사의 목적절로 "그가 온다는 것을"을 뜻한다. 앞에 있는 관계대명사 ὃ는 관점의 대격처럼 번역하면 된다. → "그 영과 관련하여 너희는 '그(=적그리스도의 영)가 온다(올 것이다)'는 것을 들은 바 있다." ἔρχεται는 현재시제이지만, 문맥에 따라서 우리말로 옮길 때 미래시제처럼 번역할 수도 있다.

⑤ καὶ νῦν ἐν τῷ κόσμῳ ἐστὶν ἤδη. – "그리고 이제 세상에 이미 (와) 있다." νῦν은 부사로 "이제, 지금"을 뜻한다. ἤδη는 부사로 "이미, 벌써"를 뜻한다. ἐστὶν은 "~이다, 있다"를 뜻한다.

⇒ 종합하면, "그리고 예수님을 인정하지 않는 영은 모두다 하나님께 속하지 않는다. 그리고 이것은 적그리스도의 영이다. 그 영과 관련하여 너희는 그 영이 올 것이라는 것을 이미 들었다. 그리고 이제 세상에 벌써 와 있다."

4절

Ὑμεῖς ἐκ τοῦ θεοῦ ἐστε, τεκνία, καὶ νενικήκατε αὐτούς, ὅτι μείζων ἐστὶν ὁ ἐν ὑμῖν ἢ ὁ ἐν τῷ κόσμῳ.

① Ὑμεῖς ἐκ τοῦ θεοῦ ἐστε, – "너희야말로 하나님께 속해 있다."
(Ὑμεῖς는 2인칭 대명사 복수 주격, 강조의 의미로 사용되었다. 뒤에 나오는 동사가 이미 주어를 알려주고 있는데 굳이 인칭대명사 주어를 반복하는 경우는 강조하기 위한 것이다.)

② τεκνία, – 중성 명사 τεκνίον의 복수 호격 (주격, 대격과도 모양이 같다). "자녀들아"

③ καὶ νενικήκατε αὐτούς, – "그리고 너희가 이미 그들을 이겼다."
(νενικήκατε는 νικάω 동사의 직설법 현재완료 2인칭 복수; αὐτούς는 3인칭 대명사 남성 복수 대격)

④ ὅτι μείζων ἐστὶν ὁ ἐν ὑμῖν ἢ ὁ ἐν τῷ κόσμῳ.
(ὅτι는 접속사, "왜냐하면"; μείζων은 형용사 μέγας의 비교급 남성 단수 주격; ἐστιν은 εἰμί 동사의 직설법 현재 3인칭 단수; ὁ ἐν ὑμῖν은 '너희 가운데'라는 부사구 앞에 관사가 붙어서 독립 용법으로 쓰이고 있다. "너희 가운데 계신 분이"; ἢ는 비교를 나타내는 접속사, than; ὁ ἐν τῷ κόσμῳ는 '세상에 있는'이라는 부사구 앞에 관사 ὁ 가 붙어서 독립 용법으로 쓰이고 있다. "세상에 있는 자").

⇒ 종합하면, "너희야말로 하나님께 속해 있다, 자녀들아! 그리고 너희가 그들을 이미 이겼다. 왜냐하면 너희 가운데 계신 분이 세상이 있는 자보다 더 크시기 때문이다."

5절

αὐτοὶ ἐκ τοῦ κόσμου εἰσίν, διὰ τοῦτο ἐκ τοῦ κόσμου λαλοῦσιν
καὶ ὁ κόσμος αὐτῶν ἀκούει.

① αὐτοὶ ἐκ τοῦ κόσμου εἰσίν, – "그들 스스로는 세상에 속해 있다."
   (αὐτοὶ 는 3인칭대명사 남성 복수 주격, 강조용법)
② διὰ τοῦτο – 전치사 διὰ는 대격 목적어를 취하여 이유를 나타낸다. "이 때문에."
③ ἐκ τοῦ κόσμου λαλοῦσιν – "그들은 세상으로부터(=세상에 속한 것을) 말한다."
   (λαλοῦσιν은 λαλέω 동사의 현재 직설법 3인칭 복수; ἐκ τοῦ κόσμου는
   "세상에 속한 것 가운데 어떤 것"을 뜻한다.)
④ καὶ ὁ κόσμος αὐτῶν ἀκούει. – "그리고 세상은 그들(의 말)을 듣는다."
   (ἀκούει 동사는 속격 목적어를 취한다.)
   ⇒ 종합하면, "그들 스스로는 세상에 속해 있다. 이런 까닭에 그들은 세상으로부터
   (=세상에 속한 것을) 말한다. 그리고 세상은 그들의 말을 듣는다."

6절

ἡμεῖς ἐκ τοῦ θεοῦ ἐσμεν· ὁ γινώσκων τὸν θεὸν ἀκούει ἡμῶν· ὃς
οὐκ ἔστιν ἐκ τοῦ θεοῦ, οὐκ ἀκούει ἡμῶν. ἐκ τούτου γινώσκομεν
τὸ πνεῦμα τῆς ἀληθείας καὶ τὸ πνεῦμα τῆς πλάνης.

① ἡμεῖς ἐκ τοῦ θεοῦ ἐσμεν· – "우리야말로 하나님께 속해 있다."
   (ἡμεῖς 는 1인칭대명사, 복수 주격, 강조용법)
② ὁ γινώσκων τὸν θεὸν ἀκούει ἡμῶν· – "하나님을 아는 사람은 우리(의 말)
   을 듣는다."
   (γινώσκων은 현재 능동태 분사, 남성 단수 주격, 관사를 취하여 독립용법으로 쓰
   였다; τὸν θεὸν은 앞에 있는 분사의 목적어; ἀκούει 동사는 속격을 목적어로 취
   한다)
③ ὃς οὐκ ἔστιν ἐκ τοῦ θεοῦ, οὐκ ἀκούει ἡμῶν. – "하나님께 속해 있지
   않는 사람은 우리(의 말)을 듣지 않는다."

(ὅς는 관계대명사, 남성 단수 주격, 여기서는 부정관계대명사처럼 쓰였다; οὐκ는 부정어, not)

④ ἐκ τούτου γινώσκομεν – "이로부터 우리는 안다."

⑤ τὸ πνεῦμα τῆς ἀληθείας(진리의 영을) καὶ τὸ πνεῦμα τῆς πλάνης(미혹의 영을).

　　⇒ 종합하면, "우리야말로 하나님께 속해 있다. 하나님을 아는 사람은 우리(의 말)을 듣는다. (그러나) 하나님께 속해 있지 않는 사람은 우리(의 말)을 듣지 않는다. 이로부터 우리는 진리의 영과 미혹의 영을 알아차린다."

요한1서 4:1–6절 전체 번역

1 사랑하는 자들아, 영을 다 믿지 말고 영들이 하나님께 속해 있는지 검증하여 가려내라, 왜냐하면 많은 거짓 예언자들이 세상에 와 있기 때문이다.

2 이로써 너희는 하나님의 영을 알아차린다. 예수 그리스도께서 육체로 오신 것을 인정하는 영은 다 하나님께 속한다.

3 그리고 예수님을 인정하지 않는 영은 다 하나님께 속하지 않는다. 이런 영은 적그리스도의 영이다. 그 영이 올 것이라는 것을 너희가 들은 적이 있는데, 이제 이미 세상에 와 있다.

4 너희야말로 하나님께 속해 있다, 자녀들아! 그리고 너희는 그들을 이미 이겼다. 왜냐하면 너희 가운데 계신 분이 세상에 있는 자보다 크시기 때문이다.

5 그들이야말로 세상에 속해 있다. 이런 까닭에 그들은 세상에 속한 것을 말하고, 세상은 그들의 말을 듣는다.

6 우리야말로 하나님께 속해 있다. 그래서 하나님을 아는 사람은 우리의 말을 듣는다. 한편, 하나님께 속하지 않은 사람은 우리의 말을 듣지 않는다. 이로부터 우리는 진리의 영과 미혹의 영을 알아차린다.

μάθημα 25

신약성경 원전 강독 연습 (3):
요한1서 4장 7-10절

요한1서 4장 7-10절

7 Ἀγαπητοί, ἀγαπῶμεν ἀλλήλους, ὅτι ἡ ἀγάπη ἐκ τοῦ θεοῦ ἐστιν, καὶ πᾶς ὁ ἀγαπῶν ἐκ τοῦ θεοῦ γεγέννηται καὶ γινώσκει τὸν θεόν.

8 ὁ μὴ ἀγαπῶν οὐκ ἔγνω τὸν θεόν, ὅτι ὁ θεὸς ἀγάπη ἐστίν.

9 ἐν τούτῳ ἐφανερώθη ἡ ἀγάπη τοῦ θεοῦ ἐν ἡμῖν, ὅτι τὸν υἱὸν αὐτοῦ τὸν μονογενῆ ἀπέσταλκεν ὁ θεὸς εἰς τὸν κόσμον, ἵνα ζήσωμεν δι' αὐτοῦ.

10 ἐν τούτῳ ἐστὶν ἡ ἀγάπη, οὐχ ὅτι ἡμεῖς ἠγαπήκαμεν τὸν θεόν, ἀλλ' ὅτι αὐτὸς ἠγάπησεν ἡμᾶς καὶ ἀπέστειλεν τὸν υἱὸν αὐτοῦ ἱλασμὸν περὶ τῶν ἁμαρτιῶν ἡμῶν.

문법 해설

7절

Ἀγαπητοί, ἀγαπῶμεν ἀλλήλους, ὅτι ἡ ἀγάπη ἐκ τοῦ θεοῦ ἐστιν, καὶ πᾶς ὁ ἀγαπῶν ἐκ τοῦ θεοῦ γεγέννηται καὶ γινώσκει τὸν θεόν.

① Ἀγαπητοί, – "사랑하는 자들아" (원래 형용사이지만, 독립용법으로 쓰인 경우이다.)

② ἀγαπ μεν ἀλλήλους, – "우리가 서로 사랑하자."

(ἀγαπ μεν은 ἀγαπάω 동사의 가정법 1인칭 복수, 청유형; ἀλλήλους는 상호대명사 ἀλλήλων의 대격, "서로").

③ ὅτι ἡ ἀγάπη ἐκ τοῦ θεοῦ ἐστιν, – "왜냐하면 사랑은 하나님께 속한 것이기 때문이다."

(ὅτι는 이유를 나타내는 접속사; ἐκ는 속격 목적어를 취하는 전치사(from, out of). 이 전치사는 εἰμί 동사와 함께 쓰여서 "~에 속하다"의 뜻을 가진다. τοῦ θεοῦ는 남성 단수 속격 관사와 명사. 그래서 이 구절은 "하나님께 속하다."는 뜻이 된다. ἐστιν은 3인칭 단수형 동사이다.)

④ καὶ πᾶς ὁ ἀγαπῶν ἐκ τοῦ θεοῦ γεγέννηται – "그리고 사랑하는 사람은 모두 하나님께로부터 태어나 있다."

($\pi \hat{\alpha} \varsigma$는 $\pi \hat{\alpha} \varsigma$, $\pi \hat{\alpha} \sigma \alpha$, $\pi \hat{\alpha} \nu$ 형용사의 남성 단수 주격, "모든"; $\dot{\alpha} \gamma \alpha \pi \hat{\omega} \nu$은 현재 능동태 분사, 남성 단수 주격, 관사를 취하여 독립용법으로 쓰였다; $\gamma \epsilon \gamma \acute{\epsilon} \nu \nu \eta \tau \alpha \iota$는 $\gamma \epsilon \nu \nu \acute{\alpha} \omega$, '아이를 낳다(beget)' 동사의 현재완료 수동태 3인칭 단수.)

⑤ $\kappa \alpha \grave{\iota} \gamma \iota \nu \acute{\omega} \sigma \kappa \epsilon \iota \tau \grave{o} \nu \theta \epsilon \grave{o} \nu$. – "그리고 그는 하나님을 안다."

⇒ 종합하면, "사랑하는 자들아, 우리가 서로 사랑하자. 왜냐하면 사랑은 하나님께 속한 것이기 때문이다. 그리고 사랑하는 사람은 모두다 하나님께로부터 태어나 있다. 그리고 그는 하나님을 안다."

8절

$\dot{o} \mu \grave{\eta} \dot{\alpha} \gamma \alpha \pi \hat{\omega} \nu$ $o \dot{\upsilon} \kappa \ \check{\epsilon} \gamma \omega \nu \ \tau \grave{o} \nu \ \theta \epsilon \acute{o} \nu$, $\ \ddot{o} \tau \iota \ \dot{o} \ \theta \epsilon \grave{o} \varsigma \ \dot{\alpha} \gamma \acute{\alpha} \pi \eta \ \dot{\epsilon} \sigma \tau \acute{\iota} \nu$.

① $\dot{o} \mu \grave{\eta} \dot{\alpha} \gamma \alpha \pi \hat{\omega} \nu$ – "사랑하지 않는 사람은"

($\mu \grave{\eta}$는 부정어로 뒤에 오는 분사 $\dot{\alpha} \gamma \alpha \pi \hat{\omega} \nu$을 부정한다; 분사 $\dot{\alpha} \gamma \alpha \pi \hat{\omega} \nu$은 능동태 남성 단수 주격으로 그 앞에 관사를 취하여 독립용법으로 쓰였다.)

② $o \dot{\upsilon} \kappa \ \check{\epsilon} \gamma \omega \nu \ \tau \grave{o} \nu \ \theta \epsilon \acute{o} \nu$, – "그는 하나님을 알지 못했다."

($\check{\epsilon} \gamma \omega \nu$은 $\gamma \iota \nu \acute{\omega} \sigma \kappa \omega$ 동사의 불규칙 단순과거 3인칭 단수이다.)

⇒ "사랑하지 않는 사람은 하나님을 알지 못했다."

③ $\ddot{o} \tau \iota \ \dot{o} \ \theta \epsilon \grave{o} \varsigma \ \dot{\alpha} \gamma \acute{\alpha} \pi \eta \ \dot{\epsilon} \sigma \tau \acute{\iota} \nu$. – "왜냐하면 하나님은 사랑이시기 때문이다."

⇒ ①~③을 종합하면, "사랑하지 않는 사람은 하나님을 알지 못했다. 왜냐하면 하나님은 사랑이시기 때문이다."

9절

$\dot{\epsilon} \nu \ \tau o \acute{\upsilon} \tau \omega \ \dot{\epsilon} \phi \alpha \nu \epsilon \rho \acute{\omega} \theta \eta \ \dot{\eta} \ \dot{\alpha} \gamma \acute{\alpha} \pi \eta \ \tau o \hat{\upsilon} \ \theta \epsilon o \hat{\upsilon} \ \dot{\epsilon} \nu \ \dot{\eta} \mu \hat{\iota} \nu$, $\ \ddot{o} \tau \iota \ \tau \grave{o} \nu \ \upsilon \acute{\iota} \grave{o} \nu \ \alpha \dot{\upsilon} \tau o \hat{\upsilon}$ $\tau \grave{o} \nu \ \mu o \nu o \gamma \epsilon \nu \hat{\eta} \ \dot{\alpha} \pi \acute{\epsilon} \sigma \tau \alpha \lambda \kappa \epsilon \nu \ \dot{o} \ \theta \epsilon \grave{o} \varsigma \ \epsilon \dot{\iota} \varsigma \ \tau \grave{o} \nu \ \kappa \acute{o} \sigma \mu o \nu$, $\ \ddot{\iota} \nu \alpha \ \zeta \acute{\eta} \sigma \omega \mu \epsilon \nu \ \delta \iota$' $\alpha \dot{\upsilon} \tau o \hat{\upsilon}$.

① $\dot{\epsilon} \nu \ \tau o \acute{\upsilon} \tau \omega \ \dot{\epsilon} \phi \alpha \nu \epsilon \rho \acute{\omega} \theta \eta \ \dot{\eta} \ \dot{\alpha} \gamma \acute{\alpha} \pi \eta \ \tau o \hat{\upsilon} \ \theta \epsilon o \hat{\upsilon} \ \dot{\epsilon} \nu \ \dot{\eta} \mu \hat{\iota} \nu$, – "이로써 하나님의 사랑이 우리 가운데서 드러났다."

(ἐν τούτῳ, 이로써; ἐφανερώθη는 φανερόω, '드러내다' 동사의 단순과거 수 동태 3인칭 단수)

② ὅτι – 접속사, "왜냐하면" 또는 명사절을 이끄는 접속사. 후자로 볼 경우에, 앞에 나온 지시대명사 '이것'을 가리키는 동격의 명사절로 이해할 수 있다.

③ τὸν υἱὸν αὐτοῦ (그분의 아들을)

④ τὸν μονογενῆ – "곧, 하나뿐인 분을." 앞에 나온 "그분의 아들을"을 꾸미는 한정 적 형용사구이다. μονογενῆ는 3변화 형용사 μονογενής, ές 의 남성 단수 대격 이다.

⑤ ἀπέσταλκεν (내보내셨다) – ἀποστέλλω 동사의 현재 완료 3인칭 단수.

⑥ ὁ θεὸς εἰς τὸν κόσμον (하나님이 … 세상 속으로),
⇒ ①~⑥을 합치면, "이로써(=이것 안에서) 하나님의 사랑이 우리 가운데서 드러 났습니다. 곧 그분의 하나뿐인 아들을 하나님이 세상 속으로 내보내셨다는 것에 서요."

⑦ ἵνα – 목적절을 이끄는 접속사

⑧ ζήσωμεν – ζάω 동사의 단순과거 가정법 1인칭 복수.

⑨ δι᾽ αὐτοῦ. – 전치사 διά는 속격을 취할 때는 "~를 통해서"의 뜻으로 쓰인다. "그분을 통해서."
⇒ ⑦~⑨를 합치면, "우리가 그분(=그 아들)을 통해서 살도록 하려 하신 겁니다."
⇒ 전체를 종합하면, "이로써(=이것 안에서) 하나님의 사랑이 우리 가운데서 드러 났습니다. 곧 그분의 하나뿐인 아들을 하나님이 세상 속으로 내보내셨다는 것에 서요. 우리가 그분(=ㄱ 아들)을 통해서 살도록 하려 하신 겁니다."

10절

ἐν τούτῳ ἐστὶν ἡ ἀγάπη, οὐχ ὅτι ἡμεῖς ἠγαπήκαμεν τὸν θεόν, ἀλλ᾽ ὅτι αὐτὸς ἠγάπησεν ἡμᾶς καὶ ἀπέστειλεν τὸν υἱὸν αὐτοῦ ἱλασμὸν περὶ τῶν ἁμαρτιῶν ἡμῶν.

① ἐν τούτῳ ἐστὶν ἡ ἀγάπη, – "이것 안에(=여기에) 하나님의 사랑이 있습니다."
② οὐχ ὅτι ἡμεῖς ἠγαπήκαμεν τὸν θεόν, – "우리 자신이 하나님을 사랑한 것 이 아니라"

(ἡμεῖς는 1인칭 대명사 복수, 강조용법; ἠγαπήκαμεν은 ἀγαπάω 동사의 현재완료 1인칭 복수)

③ ἀλλ' ὅτι αὐτὸς ἠγάπησεν ἡμᾶς – "오히려 하나님 자신이 우리를 사랑하셨다는 것"

(ἠγάπησεν은 ἀγαπάω 동사의 단순과거 3인칭 단수; αὐτὸς는 3인칭대명사 남성 단수 주격, 강조용법; ἡμᾶς는 1인칭대명사 복수 대격)

④ καὶ ἀπέστειλεν τὸν υἱὸν αὐτοῦ – "그리고 그분의 아들을 내보내셨다는 것에요."

(ἀπέστειλεν은 ἀποστέλλω 동사의 단순과거 3인칭 단수)

⑤ ἱλασμὸν – "화목제물로요." ἱλασμὸν은 남성 단수 대격으로, 앞에 나온 '그분의 아들'과 동격이다.

⑥ περὶ τῶν ἁμαρτιῶν ἡμῶν. – "우리의 여러 죄에 대해서요."

(περὶ는 속격 목적어를 취하는 전치사; ἁμαρτιῶν은 ἁμαρτία의 여성 복수 속격 명사)

⇒ 종합하면, "하나님의 사랑이 여기에 있습니다. 곧 우리 자신이 하나님을 사랑한 것이 아니라, 하나님이 몸소 우리를 사랑하셔서 그분의 아들을, 우리의 여러 죄에 대해서, 화목제물로 내보내셨다는 것에요.

요한1서 4:7-10절 전체 번역

7 사랑하는 자들아, 우리가 서로 사랑하자.
왜냐하면 사랑은 하나님께 속한 것이고, 사랑하는 사람은 다 하나님께로부터 태어나서 하나님을 알고 있기 때문이다.

8 사랑하지 않는 사람은 하나님을 알지 못했다.
왜냐하면 하나님은 사랑이시기 때문이다.

9 이로써 하나님의 사랑이 우리 가운데서 드러났다.
곧 그분의 하나뿐인 아들을 하나님이 세상 속으로 내보내신 것에서. 그 아들을 통해서 우리가 살도록 하려 하신 것이다.

10 여기에 사랑이 있다.
곧 우리 스스로가 하나님을 사랑한 것이 아니라, 오히려 하나님이 몸소 우리를 사랑하셨다는 것에. 그리고 그분의 아들을 우리 죄에 대한 화목제물로 내보내셨다는 것에.

μάθημα

부록

1. 수사(Numbers)

1	εἷς, μία, ἕν	πρῶτος, η, ον	20	εἴκοσι	
2	δύο	δεύτερος, α, ον	30	τριάκοντα	
3	τρεῖς, τρία	τρίτος, η, ον	40	τετταράκοντα	
4	τέσσαρες	τέταρτος, η, ον	50	πεντήκοντα	
5	πέντε	πέμπτος, η, ον	60	ἑξήκοντα	
6	ἕξ	ἕκτος, η, ον	70	ἑβδομήκοντα	
7	ἑπτά	ἕβδομος, η, ον	72	ἑβδομήκοντα δύο	
8	ὀκτώ	ὄγδοος, η, ον	80	ὀγδοήκοντα	
9	ἐννέα	ἔνατος, η, ον	90	ἐνενήκοντα	
10	δέκα	δέκατος, η, ον	99	ἐνενήκοντα ἐννέα	
11	ἕνδεκα	ἑνδέκατος, η, ον	100	ἑκατόν	
12	δώδεκα	δωδέκατος, η, ον	1,000	χίλιοι, αι, α	

2. 전치사(Prepositions)

ἀνά	+acc., 위로	περί	+gen., ~ 에 대하여 +acc., ~ 둘레에
ἀντί	+gen., ~ 대신	πρό	+gen., ~ 앞에
ἀπό	+gen., ~ 로부터	πρός	+gen., ~ 곁에 +dat., ~ 가까이에, ~에 더하여 +acc., ~ 쪽으로
διά	+gen., ~ 를 통하여 +acc., ~ 때문에	σύν	+dat., ~ 과 함께
εἰς	+acc., ~ 안으로, ~를 위하여, ~ 에 반하여(against)	ὑπέρ	+gen., ~ 위에, ~를 대신해서 +acc., ~ 너머로
ἐν	+dat., ~ 안에	ὑπό	+gen., ~ 아래에, ~에 의해서 +dat., ~ 아래에 +acc., ~ 아래로
ἐκ, ἐξ	+gen., ~ 로부터	ἄχρι	+gen., ~ 때 까지
ἐπί	+gen., ~ 위에 +dat., ~ 가까이에 +acc., ~ 에 반하여(against)	ἔμπροσθεν	+gen., ~ 앞에서
κατά	+gen., ~ 아래로, ~ 에 반하여 (against) +acc., ~에 따라서, ~ 마다	ἔξω	+gen., ~ 밖으로
μετά	+gen., ~ 와 함께 +acc., ~ 한 뒤에	μέχρι	+gen., ~ 때 까지, ~ 하는 한
παρά	+gen., ~ 옆으로부터 +dat., ~ 옆에 +acc., ~ 옆쪽으로	χωρίς	+gen., ~ 없이, ~ 로부터 떨어져서

3. λύω 동사(규칙동사) 변화표

	현재 능동	현재 중·수동	미완료 능동	미완료 중·수동	미래 능동	미래 중동	부정과거 능동	부정과거 중동	완료 능동	완료 중·수동	부정과거 수동	미래 수동
직설법	λύω	λύομαι	ἔλυον	ἐλυόμην	λύσω	λύσομαι	ἔλυσα	ἐλυσάμην	λέλυκα	λέλυμαι	ἐλύθην	λυθήσομαι
	λύεις	λύῃ	ἔλυες	ἐλύου	λύσεις	λύσῃ	ἔλυσας	ἐλύσω	λέλυκας	λέλυσαι	ἐλύθης	λυθήσῃ
	λύει	λύεται	ἔλυε	ἐλύετο	λύσει	λύσεται	ἔλυσε	ἐλύσατο	λέλυκε	λέλυσται	ἐλύθη	λυθήσεται
	λύομεν	λυόμεθα	ἐλύομεν	ἐλυόμεθα	λύσομεν	λυσόμεθα	ἐλύσαμεν	ἐλυσάμεθα	λελύκαμεν	λελύμεθα	ἐλύθημεν	λυθησόμεθα
	λύετε	λύεσθε	ἐλύετε	ἐλύεσθε	λύσετε	λύσεσθε	ἐλύσατε	ἐλύσασθε	λελύκατε	λέλυσθε	ἐλύθητε	λυθήσεσθε
	λύουσι	λύονται	ἔλυον	ἐλύοντο	λύσουσι	λύσονται	ἔλυσαν	ἐλύσαντο	λελύκασι (=λέλυκαν)	λέλυνται	ἐλύθησαν	λυθήσονται
가정법	λύω	λύωμαι					λύσω	λύσωμαι	λελύκω	ὦ	λυθῶ	
	λύῃς	λύῃ					λύσῃς	λύσῃ	λελύκῃς	ᾖς	λυθῇς	
	λύῃ	λύηται					λύσῃ	λύσηται	λελύκῃ	ᾖ 분사 +	λυθῇ	
	λύωμεν	λυώμεθα					λύσωμεν	λυσώμεθα	λελύκωμεν	ὦμεν	λυθῶμεν	
	λύητε	λύησθε					λύσητε	λύσησθε	λελύκητε	ἦτε	λυθῆτε	
	λύωσι	λύωνται					λύσωσι	λύσωνται	λελύκωσι	ὦσι	λυθῶσι	
명령법 (sg)	2 λῦε	λύου					λῦσον	λῦσαι			λύθητι	
	3 λυέτω	λυέσθω					λυσάτω	λυσάσθω			λυθήτω	
명령법 (pl)	2 λύετε	λύεσθε					λύσατε	λύσασθε			λύθητε	
	3 λυέτωσαν	λυέσθωσαν					λυσάτωσαν	λυσάτωσαν			λυθήτωσαν	
부정사	λύειν	λύεσθαι			λύσειν	λύσεσθαι	λῦσαι	λύσασθαι	λελυκέναι	λελύσθαι	λυθῆναι	λυθήσεσθαι
분사	λύων, -ουσα, -ον	λυόμενος, -η, -ον			λύσων, -ουσα, -ον	λυσόμενος, -η, -ον	λύσας, -σασα, -σαν	λυσάμενος, -η, -ον	λελυκώς, λελυκυῖα, λελυκός	λελυμένος, -η, -ον	λυθείς, -θεῖσα, -θέν	λυθησόμενος, -η, -ον

4. 주요 동사의 여섯 가지 기본형

1. -ω로 끝나는 동사들(-ω verbs)

ἄγω	ἄξω	ἤγαγον			ἤχθην	인도하다
ἀκούω	ἀκούσω	ἤκουσα	ἀκήκοα		ἠκούσθην	듣다
ἄρχω	ἄρξω	ἦρξα				다스리다
βαπτίζω	βαπτίσω	ἐβάπτισα		βεβάπτισμαι	ἐβαπτίσθην	세례주다
βλέπω	βλέψω	ἔβλεψα				보다
γίνομαι	γενήσομαι	ἐγενόμην	γέγονα	γεγένημαι	ἐγενήθην	되다
γινώσκω	γνώσομαι	ἔγνων	ἔγνωκα	ἔγνωσμαι	ἐγνώσθην	알다
γράφω	γράψω	ἔγραψα	γέγραφα	γέγραπται	ἐγράφην	쓰다
δέχομαι		ἐδεξάμην		δέδηγμαι	ἐδέχθην	받다
διδάσκω	διδάξω	ἐδίδαξα			ἐδιδάχθην	가르치다
δοξάζω	δοξάσω	ἐδόξασα		δεδόξασμαι	ἐδοξάσθην	영광을 돌리다
δύναμαι	δυνήσομαι				ἐδυνήθην	~ 할 수 있다
κηρύσσω	κηρύξω	ἔκηρυξα		κεκήρυγμαι	ἐκηρύχθην	선포하다
κράζω	κράξω	ἔκραξα	κέκραγα			외치다
πέμπω	πέμψω	ἔπεμψα			ἐπέμφθην	보내다
πιστεύω	πιστεύσω	ἐπίστευσα	πεπίστευκα	πεπίστευμαι	ἐπιστεύθην	믿다
πορεύομαι	πορεύσομαι			πεπόρευμαι	ἐπορεύθην	가다
προσεύχομαι	προσεύξομαι	προσηυξάμην				기도하다
σώζω	σώσω	ἔσωσα	σέσωκα	σέσωσμαι	ἐσώθην	구원하다
φέρω	οἴσω	ἤνεγκα			ἠνέχθην	가져가다
χαίρω	χαρήσομαι				ἐχάρην	기뻐하다

2. –μι 동사(–μι verbs)

ἀφίημι	ἀφήσω	ἀφῆκα	ἀφεῖκα	ἀφέωμαι	ἀφέθην	내버려두다
δίδωμι	δώσω	ἔδωκα	δέδωκα	δέδομαι	ἐδόθην	주다
ἵστημι	στήσω	ἔστησα, ἔστην	ἔστηκα		ἐστάθην	세우다
τίθημι	θήσω	ἔθηκα	τέθεικα	τέθειμαι	ἐτέθην	놓다, 두다

3. 축약동사(contract verbs)

αἰτέω	αἰτήσω	ἤτησα	ἤτηκα		ἠτήθην	요청하다
ζητέω	ζητήσω	ἐζήτησα			ἐζητήθην	추구하다
καλέω	καλέσω	ἐκάλεσα	κέκληκα	κέκλημαι	ἐκλήθην	부르다
λαλέω	λαλήσω	ἐλάλησα	λελάληκα	λελάλημαι	ἐλαλήθην	말하다
περιπατέω	περιπατήσω	περιεπάτησα				걷다
ποιέω	ποιήσω	ἐποίησα	πεποίηκα	πεποίημαι		만들다, 하다
τηρέω	τηρήσω	ἐτήρησα	τετήρηκα	τετήρημαι	ἐτηρήθην	지키다
φοβέομαι	φοβήσομαι				ἐφοβήθην	두려워하다
ἀγαπάω	ἀγαπήσω	ἠγάπησα	ἠγάπηκα	ἠγάπημαι	ἠγαπήθην	사랑하다
γεννάω	γεννήσω	ἐγέννησα	γεγέννηκα	γεγέννημαι	ἐγεννήθην	낳다
δηλόω	δηλώσω	ἐδήλωσα	δεδήλωκα	δεδήλωμαι	ἐδηλώθην	드러내다

4. 유음동사(liquid verbs)와 제2단순과거를 가진 동사들

αἴρω	ἀρῶ	ἦρα	ἦρκα	ἦρμαι	ἤρθην	치우다/들어 올리다
ἀποστελλω	ἀποστελῶ	ἀπέστειλα	ἀπέσταλκα	ἀπέσταλμαι	ἀπεστάλην	임무를 맡겨 보내다
ἐγείρω	ἐγερῶ	ἤγειρα		ἐγήγερμαι	ἠγέρθην	일으키다
θέλω		ἠθέλησα				바라다

κρίνω	κρινῶ	ἔκρινα	κέκρινα	κέκριμαι	ἐκρίθην	판가름하다
μένω	μενῶ	ἔμεινα	μεμένηκα			머무르다
ἀποθνῄσκω	ἀποθανοῦμαι	ἀπέθανον	τέθνηκα			죽다
βάλλω	βαλῶ	ἔβαλον	βέβληκα	βέβλημαι	ἐβλήθην	던지다
ἔρχομαι	ἐλεύσομαι	ἦλθον	ἐλήλυθα			오다
ἔχω	ἕξω	ἔσχον	ἔσχηκα			가지다
λαμβάνω	λήμψομαι	ἔλαβον	εἴληφα	εἴλημμαι	ἐλήμφθην	받다
λέγω	ἐρῶ	εἶπον	εἴρηκα	εἴρημαι	ἐρρέθην	말하다
ὁράω	ὄψομαι	εἶδον	ἑώρακα		ὤφθην	보다
πίπτω	πεσοῦμαι	ἔπεσον, ἔπεσα	πέπτωκα			넘어지다

5. 헬라어 낱말 모음

α

ἀγαθός, ή, όν
ἀγαπάω
ἀγάπη, ης, ἡ
ἀγαπητός, ή, όν
ἀγγελία, ας, ἡ
ἄγγελος, ου, ὁ
ἁγιάζω
ἅγιος, ία, ον
ἀδελφός, οῦ, ὁ
ἀδικία, ας, ἡ
αἰτέω
αἰών, ῶνος, ὁ
αἰώνιος, ον
ἀκάθαρτος, ον
ἀκολουθέω
ἀκούω
ἄλαλος, ον
ἀλήθεια, ας, ἡ
ἀληθής, ές
ἀληθινός, ή, όν
ἀλλά
ἀλλαχοῦ
ἀλλήλων
ἄλλος, η, ο
ἁμαρτάνω
ἁμαρτία, ας, ἡ
ἁμαρτωλός, οῦ, ὁ
ἄμπελος, ου, ἡ
ἀναβαίνω
ἀναγινώσκω
ἀναγκάζω
ἀναπίπτω
ἀνάστασις, εως, ἡ

ἄνθρωπος, ου, ὁ
ἀνίστημι
ἀνομία, ας, ἡ
ἄνωθεν
ἀπαιτέω
ἀπέρχομαι
ἀπιστία, ας, ἡ
ἀπό
ἀποθνήσκω
    ἀπέθανον
ἀποκάλυψις, εως, ἡ
ἀποκρίνομαι
ἀποκτείνω
ἀπόλλυμι
ἀποστέλλω
ἀπόστολος, ου, ὁ
ἄρα
ἀργύριον, ου, τό
ἀριθμός, οῦ, ὁ
ἀρνέομαι
ἁρπάζω
ἄρτι
ἄρτος, ου, ὁ
ἀρχή, ῆς, ἡ
ἀρχιερεύς, έως, ὁ
ἄρχω
ἄρχομαι
ἄρχων, οντος, ὁ
ἀσθενέω
ἀσπασμός, οῦ, ὁ
αὐλητής, οῦ, ὁ
αὐξάνω
αὐτος, ή, ό,
ἄφεσις, έσεως, ἡ
ἀφίημι,
ἀχρεῖος, ον

ἄχρι

β

βάλλω 던지다, ἔβαλον
βαπτίζω
βάπτισμα, ματος, τό
βασιλεία, ας, ἡ
βασιλεύς, έως, ὁ
βλασφημέω
βλέπω
βοηθέω
βραβεύω

γ

γάρ
γεμίζω
γεννάω
γεωργός, οῦ, ὁ
γῆ, γῆς, ἡ
γινώσκω
γλῶσσα, ας, ἡ
γραμματεύς, έως, ὁ
γράφω

δ

δαιμόνιον, ου, τό
δεῖ
δένδρον, ου, τό
δεσμός, οῦ, ὁ
δέχομαι
δηλόω
διά
διάβολος, ου, ὁ
διακονέω

διάλεκτος, ου, ἡ
διατηρέω
διαφημίζω
διδάσκαλος, ου, ὁ
διδάσκω
διδαχή, ῆς, ἡ
δίδωμι
δίκαιος, ία, ον
δικαιοσύνη, ης, ἡ
διό ~
διώκω
δοξάζω
δοῦλος, ου, ὁ
δύο
δύναμαι
δύναμις, εως, ἡ

ε

ἐάν
ἐγείρω
ἐγώ, ἐμοῦ, ἐμοί, ἐμέ
ἔθνος, ους, τό
εἰ
εἰμί
εἰς
εἷς, μία, ἕν
εἰσέρχομαι
ei)rh/nh, hj, h(평화
ἐκ
    εἰμί

ἐκβάλλω
ἐκεῖνος, η, ο
ἐκκλησία, ας, ἡ
ἐκπειράζω
ἕκτος, η, ον
ἐλεύθερος, έρα, ον
ἐλπίς, ιδος, ἡ

ἐμός, ἡ, όν
ἔμπροσθεν
ἐν
ἔνατος, η, ον
ἔνδυμα, ματος, τό
ἐνοικέω
ἐντολή, ῆς, ἡ
ἐξέρχομαι
ἔξεστι
ἐξουσία, ας, ἡ
ἔξω
ἑορτή, ῆς, ἡ
ἐπερτάω
ἐπέρχομαι
ἐπί
ἐπιβαρέω
ἐπιζητέω
ἐπιθυμία, ας, ἡ
ἐπιπίπτω
ἐπισκιάζω
ἐπιστολή, ῆς, ἡ
ἐπιτίθημι ~
ἐπιτιμάω
ἐργάζομαι
ἔργον, ου, τό
ἔρημος, ου, ἡ

ἔρχομαι
ἐρωτάω
ἐσθίω   φάγομαιἔδομαι
    ἔφαγον
ἔσχατος, η, ον
ἐσχάτως
ἕτερος, α, ον
εὐαγγέλιον, ου, τό
εὐθύς
εὐνοῦχος, ου, ὁ
εὑρίσκω
ἐκεῖ

ἔχω
ἕως

ζ

ζάω
ζηλόω
ζητέω
ζωή, ῆς, ἡ

η

ἤ
ἡγεμών, όνος, ὁ
ἤδη
ἦλθον, ἔρχομαι
ἥλιος, ου, ὁ
ἡμέρα, ας, ἡ

θ

θάνατος, ου, ὁ
θαυμάζω
θεάομαι
θεός, οῦ, ὁ
θέλημα, ατος, τό
θέλω
θεραπεύω
θεωρέω
θηρίον, ου, τό
θλῖψις, εως, ἡ
θορυβέω
θυγάτηρ, τρός, ἡ
θυγάτριον, ου, τό
θύρα, ας, ἡ
θύω

ι

ἰατρός, οῦ, ὁ
ἱερόν, οῦ, τό
Ἰησοῦς, οῦ, ὁ
ἵνα
ἵστημι
ἰσχύω

κ

καθαρίζω
καθεύδω
καθώς
καί
καινός, ή, όν
κακοποιέω
κακῶς
καλέω,
καλός, ή, όν
καρδία, ας, ἡ
καρπός, οῦ ὁ
καταβαίνω
κατακρίνω
καταλύω
καταπαύω
καταπέτασμα, ατος, τό
καταπίπτω
κατεργάζομαι
κάτω
κεντυρίων, ωνος, ὁ
κελεύω
κέρδος, ους, τό
κεφαλή, ῆς, ἡ
κηρύσσω
κινέω
κληρονομέω
κλητός, ή, όν

κοινωνέω
κόπος, ου, ὁ
κοράσιον, ου, τό
κόσμος, ου, ὁ
κράζω
κραταιόω
κρατέω
κρίνω
κρίσις, εως, ἡ
κυριεύω
κύριος, ου, ὁ
κωλύω
κώμη, ης, ἡ

λ

λαλέω
λαμβάνω
λάμπω
λέγω   εἶπον
λειτουργέω
λεπρός, ά, όν
λίαν
λίθος, ου, ὁ
λόγος, ου, ὁ
λύω

μ

μαθητής, - οῦ, ὁ
μακροθυμέω
μανθάνω
μαρτυρέω
μαρτυρία, ας, ἡ
μαρτύριον, τό
μέγας, μαγαλή, μέγα
μεθερμηνεύω
μείζων, ον

μέλλω
μέλος, ους, τό
μέν ~, δέ ~
μένω
μέσος, η, ον
μετά

μεταβαίνω
μετανοέω
μετανοία, ας, ἡ
μή
μηδέ~, μηδέ~
μηκέτι
μήτηρ, τρός, ἡ
μισέω
μνημεῖον, ου, τό
μνημονεύω
μονογενής, ές
μόνος, η, ον
μυστήριον, ου, τό

ν

ναός, οῦ, ὁ
νεκρός, ά, όν
νηστεύω
νικάω
νίκη, ης, ἡ
νομικός, ή, όνοῦ
νόμος, ου, ὁ
νῦν
νύξ, νυκτός, ἡ

ξ

ξηρός, ά, όν

ο

ὁ, ἡ, τό
ὁδός, οῦ, ἡ
οἶδα
οἰκέω
οἰκία, ας, ἡ
οἶκος, ου, ὁ
ὅλος, η, ον
ὁμολογέω
ὄνομα, ατος, τό
ὅπου
ὅπως
ὄρος, ους, τό
ὅς, ἥ, ὅ
ὅστις, ἥτις, ὅ τι
ὅταν
ὅτι
οὐ, οὐκ, οὐχ
οὐδέ
οὐδέ ~, οὐδε ~

οὐδείς, οὐδεμία, οὐδέν

οὖν
οὐρανός, οῦ, ὁ
οὖς, ὠτός, τό
οὗτος, αὕτη, τοῦτο
οὕτως
ὀφείλω,
ὄχλος, ου, ο

π

παιδίον, ου, τό
παῖς, ιδός, ὁ
πάλαι
παλαιός, ά, όν

πάλιν

παρά

παραβαίνω

παραβολή, ῆς, ἡ

παράγω

παράδοσις, εως, ἡ

παράκειμαι

παραλαμβάνω

παραπορεύομαι

πᾶς, πᾶσα, πᾶν

πάσχω   ἔπαθον

πατήρ, τρός, ὁ

πέμπω

πεντακισχίλιοι, αι, α

περί

περιπατέω

πίνω   πίομαι   ἔπιον

πιστεύω   πιστεύω εἰς

πίστις, εως, ἡ

πλάνη, ης, ἡ

πλείων, ον   πολύς

πληρόω

πλησίον

πνεῦμα, ατος, τό

ποιέω

ποιμήν, ένος, ὁ

πολιτεύω

πολύς, πολλή, πολύ

πονηρός, ά, όν

πορεύομαι

πορνεία, ας, ἡ

ποτήριον, ου, τό

πρεσβύτερος, α, ον

πρόβατον, ου, τό

πρός

προσέρχομαι

προσεύχομαι

προσέχω

προσκαλέω

προσκυνέω

προσπίπτω,

προφητεύω

προφήτης, ου, ὁ

πρῶτος, η, ον,

πυρετός, οῦ, ὁ

πώποτε

ρ

ῥῆμα, τος, τό

σ

σάββατον, ου, τό

σαλεύω

σάρξ, σαρκός, ἡ

σεαυτοῦ

σείω

σημεῖον, ου, τό

σιωπάω

σκοτία, ας, ἡ

σκοτίζω

σκότος, ους, τό

σπέρμα, ατος, τό

σπλαγχνίζω

σύ, σοῦ, σοί, σε

συγχαίρω

συμφέρω

συναγωγή, ῆς, ἡ

συνεδρίον, ου, τό

συνείδησις, εως, ἡ

συσταυρόω

σχίζω

σώζω

σῶμα, ατος, τό

σωτήριον, ου, τό

τ

τέκνον, ου, τό
τέλειος, α, ον
τελειόω
τελευτάω
τηρέω
τί, τίνος
τι, τινός
τίθημι
τίς, τίνος
τις, τινός
τοιοῦτος, τοιαύτη, τοιοῦτον
τόπος, ου, ὁ
τότε
τρεῖς, τρία
τροφή, ῆς, ἡ
τυφλός, οῦ, ὁ

υ

ὕδωρ, ατος, τό
υἱός, οῦ, ὁ
ὑμεῖς, ὑμῶν, ὑμῖν, ὑμᾶς

ὑπάγω
ὑπαντάω
ὑπάρχω
ὑπέρ

ὑπό
ὑπομονή, ῆς, ἡ
ὑποτάσσω

φ

φανερόω
φανωρῶς

φέρω   ἤνεγκα
φιλέω
φοβέομαι
φόβος, ου, ὁ,
φρέαρ, ατος, τό
φωνή, ῆς, ἡ
φῶς, φωτός, τό,

χ

χαίρω
χαρά, ᾶς, ἡ
χάρις, ιτος, ἡ
χείρ, ρός, ἡ
χρεία, ας, ἡ
Χριστός, οῦ, ὁ,
χρόνος, ου, ὁ
χρυσίον, ου, τό
χωρίς

ψ

ψευδής, ές,
ψεύστης, ου, ὁ
ὑυχή, ῆς, ἡ
ὑψηλός, ή, όν
ὕψιστος, η, ον

ω

ὥρα, ας, ἡ
ὡς
ὥστε

6. 연습 문제 풀이

01 헬라어 읽고 쓰기: 알파벳, 읽기, 악센트

1 요1서 4:7–8
아가페토이, 아가포멘 알렐루스
호티 헤 아가페 엑 투 쎄우 에스틴
카이 파스 호 아가폰 엑 투 쎄우 게겐네타이
카이 기노스케이 톤 쎄온
호 메 아가폰 욱 에그논 톤 쎄온
호티 호 쎄오스 아가페 에스틴)

2 주기도문 (마 6:9–10)
후토스 운 프로스에우케스쎄 휘메이스
파테르 헤몬 호 엔 토이스 우라노이스
하기아스쎄토 토 오노마 수
엘쎄토 헤 바실레이아 수
게네쎄토 토 쎌레마 수
호스 엔 우라노 카이 에피 게스

02 관사와 1, 2변화 명사

1 하나님의 복음

2 하나님의 아들

3 불의(여성 단수 여격), 진리(여성 단수 여격) (* 여격의 용법에 대해서는 앞으로 천천히 배우게 될 것이다.)

4 하나님의 나라

5 생명의 말씀에 관하여

6 길들을(여성 복수 대격)

7 사람의 아들(=인자)

8 세상을(남성 단수 대격), 아들을(남성 단수 대격)

9 광야에(서) (여성 단수 여격)

10 짐승들과 함께

11 회당으로

12 하나님 나라의 비밀이(또는 비밀을). (뮈스테리온은 중성 단수 주격이거나 대격)

13 바울, 그리스도 예수의 종이

14 하나님의 교회에게 (에클레시아는 여성 단수 여격)

03   εἰμί 동사

1 사람의 아들(=인자)이 주님이시다.

2 이제 우리는 하나님의 자녀들이다.

3 예수님은 하나님의 아들이시다.

4 그들은 사도들이 아니다.

5 당신은 하나님의 아들이십니다.

6 나는 생명의 빵이다.

7 사랑 안에는 두려움이 없다.

8 여러분은 그리스도의 몸입니다.

9 죄는 불법이다.

10 여러분은 세상의 빛입니다.

11 나는 길이요 진리요 생명이다.

12 나는 양들의 문이다.

04   형용사 1, 2변화

1 율법은 거룩하다.

2 계명은 거룩하고 정의롭고 좋다.

3 바울은 부름받은 사도이다.

4 선한 사람은 선한 것을 본다.

5 악한 사람은 악한 것을 말한다.

6 좋은 나무는 좋은 열매를 만든다(=맺는다). 나쁜 나무는 나쁜 열매를 (맺는다).

7 그 사람은 영생을 가지고 있다. (=그 사람에게는 영원한 생명이 있다.)

8 나는 하늘로부터 참된 빵을 받는다.

9 나는 참 포도나무다. 그리고 나의 아버지는 농부이다.

10 완전한 사랑은 두려움을 내어쫓는다.

05 직설법 능동태 동사의 현재형과 미래형

1 너는 믿는다. 하나님이 한 분이시라는 것을.

2 사람의 아들이 권력(권세)를 가지고 있다.

3 나는 믿는다. 예수님이 그리스도시라는 것을.

4 내가 너희에게 써 보내는 것은 새 계명이 아니라 옛(=오래된) 계명이다.

5 사랑 안에는 두려움이 없다. 오히려(=그러나) 완전한 사랑은 두려움을 내어쫓는다.

6 너희가 교회들에게 써 보낸다.

7 그는 종들을 가르친다.

8 그가 교회에게 비유를 말한다.

9 우리는 그로부터 영(=성령)을 받는다.

10 세상은 그들(=그들의 말)을 듣는다. (참고 아쿠오 동사는 속격을 목적어로 취한다.)

11 죄가 너희에게 주인노릇하지 못한다. 너희는 율법 아래 있지 않고 은혜 아래 있기 때문이다.
(참고 퀴리에우오 동사는 속격을 목적어로 취한다.)

12 (사랑은) 불의를 기뻐하지 않는다. 한편 진리와 함께 기뻐한다. (참고 쉉카이레오 동사는 여격을 목적어로 취한다.)

06 인칭대명사와 지시대명사

1 세상은 우리를 알지 못한다.

2 하나님이 그 안에 머무르고, 그가 하나님 안에 (머무른다.)

3 그들이 그에게 말한다. 저 사람은 정의롭다고.

4 우리는 하나님께 속한다(=we are from God.) (참고 에이미 동사 + 속격 = belong to)

5 하나님의 사랑이 우리 가운데 있다.

6 너희는 하나님께 속한다(=you are from God.)

7 그들은 세상에 속한다. 그리고 세상은 그들의 말을 듣는다. (참고 아쿠오 동사는 속격을 목적어로 취한다.)

8 나도 너를 정죄하지 않는다. (참고 부정어 '우데'는 '~도 ~하지 않는다'는 뜻으로 번역해야 한다.)

9 예수님이 그녀에게 말씀하신다. "나는 부활이요 생명이다." (참고 '예수님'이라는 단어 오른쪽 위에 붙은 점은 세미콜론에 해당한다.)

10 이것이 그의 계명이다.

11 곧바로 (성)령이 그를 광야로 내몬다.

12 우리에 대해 이것들을 우리는 너희에게 써 보낸다.

13 이 생명이 그의 아들 안에 있다.

07 1변화를 하는 남성 명사

1 그의 제자들이 그에게 말한다. "당신은 무리를 보고 있습니다."

2 집에서 다시 제자들이 이것에 대해 말한다.

3 선생을 넘어서는 제자는 없다. (참고 에이미 동사가 '있다(=exist)'의 뜻으로 쓰였다.)

4 예수님이 제자들과 함께 저 성전을 보신다.

5 예수님이 제자들에게 비유를 말씀하신다.

6 이것이 율법과 선지자(들)이다. (참고 여기서 '율법과 선지자들'은 구약 성경을 가리키는 숙어적 표현으로 보아도 무방하다.)

7 하나님이 거룩한 예언자들을 통하여 이것들을 말씀하신다.

8 예수님은 율법이나 선지자들을 폐하지(abolish) 않으신다.

9 이것은 예언자의 말씀이다.

10 그는 그의 제자를 보고 있다.

08 직설법 능동태 동사의 미완료와 단순과거형

1 더러운 영들이 그의 앞에 엎드렸다.

2 그들이(=더러운 영들이) "당신은 하나님의 아들이십니다." 하고 외쳤다. (참고 이 문장에서 헬라어로만 볼 때 '외치다' 동사의 주어는 1인칭 단수로 볼 수도 있다. 그러나 이 문장이 속한 마가복음의 문맥에서는 '더러운 영들이' 의미상의 주어이다.)

3 그들이 말했다. "그에게는 더러운 영이 붙었다."

4 여러분은 자유로운 사람들이 되었습니다. 또는, "여러분은 (계속해서) 자유로운 사람들입니다." (참고 이때 미완료를 살려서 우리말로 표현하기가 무척 까다롭다. 그래서 괄호 안에 넣은 '계속해서' 같은 말을 덧붙여 볼 수도 있다.)

5 그가 우리를 고쳐주었다.

6 제자들이 그를 믿었다. (참고 낱말 익힘에 설명해 두었듯이, '피스테우오' 동사는 '에이스+대격'과 함께 쓰이는 경우들이 많다.)

7 우리는 예언자들의 말을 들었다. (참고 '아쿠오' 동사는 보통 속격 목적어를 취한다. 그러나 여기서처럼 대격 목적어를 취할 수도 있다. 대격 목적어를 취할 때는 '들었다'는 것이 '순종했다'는 뜻을 내포할 수 있다.)

8 사도들이 사람들에게 복음을 선포했다.

9 예수님이 제자들을 그들에게 보내셨다.

10 바울이 교회들에게 편지들을 써 보냈다.

11 그 믿음이 그를 구원할 수 있는가? (참고 문장 맨 앞의 '메'는 부정의 대답을 기대하는 의문문을 이끄는 역할을 하는 단어이다. 야고보서의 문맥에서 '그 믿음'은 '행함이 없는 믿음'을 가리킨다.)

12 빌립은 그에게 세례를 주었다.

13 주님의 영이 빌립을 낚아채 갔다. 그리고 내시는 빌립을 더 이상 보지 못했다.

14 그의 일들은 악했다.

09 동사의 제2단순과거형

1 예수님이 갈릴리로 가셨다.

2 우리는 주님에게서 계명을 받았습니다.

3 마귀가 그에게 말했다. "내가 이런 권한을 가지고 있다."

4 마귀가 그를 예루살렘으로 데려갔다.

5 예수님이 두 형제, 곧 시몬 베드로와 그의 형제 안드레를 보셨다.

6 그가 귀신들을 쫓아내셨다.

7 그의 소문이 곧바로 갈릴리로 퍼져나갔다.

8 무너졌도다, 무너졌도다, 바벨론이.

9 하나님이 아들을 세상에 보내셨습니다.

10 예수님이 갈릴리에 머물러 계셨다. 그러나 그의 형제들은 명절을 위해 올라간다. (참고 '올라간다'는 역사적 현재 시제라고 볼 수 있다. 역사적 현재 시제는 문맥에 맞춰 과거로 번역할 수도 있고, 그 의도를 따라 현재로 옮길 수도 있다. 역사적 현재를 쓰는 이유는 전달하는 내용을 더 생생하게 나타내려는 것이다.)

11 다른 제자가 무덤으로 갔다. 그리고 보았다. 그리고 믿었다.

12 나의 두 눈이 당신의 구원을 보았습니다. (참고 '눈'을 나타내는 단어는 복수인데, 우리 눈은 보통 두 개이므로 '두 눈'이라고 옮겨 볼 수도 있다.)

13 내가 온 것은 의인들을 부르려는 것이 아니라 죄인들을 부르려는 것입니다.

14 선생님, 제가 제 아들을 당신께 데려왔습니다.

10 여러 유형의 3변화 명사들

1 그리고 곧바로 성령이 그를 광야로 몰아내신다.

2 그때에 마귀가 그를 거룩한 도시로 데려간다.

3 다시 마귀가 그를 매우 높은 산으로 데려간다.

4 그가 죄 용서를 위한 회개의 세례를 선포한다.

5 예수님이 산에서 내려오신다.

6 나는 여러분이 (하신) 믿음의 일과 사랑의 수고와 소망의 인내를 기억합니다. (참고 '므네모네우오' 동사는 속격 목적어를 취한다.)

7 예수님이 관리의 집으로 들어가신다. 그리고 피리 부는 사람들과 무리를 보셨다.

8 혀는 작은 지체입니다.

9 밤과 낮으로 우리는 여러분에게 하나님의 복음을 선포했습니다. (참고 '낮과 밤'은 속격이다. 이러한 속격은 22과에서 다시 설명되지만, 시간 표현으로 사용된다.)

10 서기관들이 말한다. "당신의 제자들은 옛 어른들의 전통을 어기고 있습니다."

11 사람들이 우리를 총독들과 왕들 앞으로 이끌고 갔다. 그들과 이방 민족들에게 증언하도록.

12 영이 없는 몸은 죽은 것이다. 행함이 없는 믿음은 죽은 것이다.

13 예수님이 그녀에게 말씀하셨다. "나는 부활이요 생명입니다."

14 예수님이 산으로 올라가신다. 그리고 무리를 가르치신다.

11 단축(=축약) 동사

1 육신은 영혼을 미워합니다. 그러나 영혼은 육신을 사랑합니다. (문장의 중간에 '사륵스' 오른쪽 위에 붙은 점은 세미콜론에 해당한다. 여기서는 '역접'의 의미로 번역하는 것이 자연스럽다.)

2 영혼이 몸 안에 집을 두고 삽니다.

3 예수님이 시몬 베드로에게 말씀하신다. "그대가 나를 사랑합니까?" 베드로가 예수님께 말한다. "내가 당신을 좋아하는 줄 당신 자신이 알고 계십니다."

4 하나님이 우리를 사랑하셨습니다. 그래서 자신의 아들을 보내셨습니다. (참고 접속사 '카이'는 문맥에 따라 자연스럽게 번역할 수도 있다.)

5 우리, 우리는 사랑합니다. 그분 자신이 먼저 우리를 사랑하셨기 때문입니다. (참고 헬라어에서 인칭대명사는 강조할 때 주로 사용된다. 우리말로 번역할 때 이를 살리기는 쉽지 않은데, 주어를 두 번 써 줌으로써 그것을 번역문에 반영해 볼 수도 있다.)

6 예수님이 대제사장에게 물으셨다. "당신은 왜 나한테 묻습니까?"

7 우리는 진리를 행동에 옮깁니다.

8 당신은 주님의 계명을 지키고 있습니다.

9 하나님의 뜻을 행동에 옮기는 사람은 영원히 머무릅니다.

10 더러운 영들이 그를 보았을 때에, 그 영들이 그의 앞에 엎드렸다.

11 그의 계명들을 우린느 지키고 실천합니다.

12 그는 그의 악한 일들에 참여하고 있다.
(참고 앞에 나온 그와 뒤에 나온 그는 서로 다른 사람을 가리킨다.)

13 여러분 가운데 아무도 율법을 행동에 옮기지 않습니다.

14 사랑은 참습니다. (참고 보통은 '마크로쒸메오'를 '오래 참다'로 옮기는데, 그냥 '참는다.'로 옮기는 것이 더 적절하다.)

15 하나님이 그들에게 드러내셨기 때문입니다.

16 곧바로 그가 그들을 불렀다.

17 곧바로 그물을 버려두고 그들이 그를 따라나섰다.

18 우리가 하나님의 자녀들을 사랑한다는 것을 우리는 압니다.

19 사랑하는 분들이여, 하나님이 이처럼 우리를 사랑하셨다면, 우리 자신들도 서로 사랑해야만 합니다.

20 그 여자는 자신의 음란한 짓에서 (돌이켜) 회개하기를 원하지 않습니다.

---

12 3변화 형용사와 형용사의 비교급, $\pi\hat{\alpha}\varsigma$, $\pi\hat{\alpha}\sigma\alpha$, $\pi\hat{\alpha}\nu$ 형용사

1 모든 불법은 죄입니다.

2 여러분 가운데 계신 분이 세상에 있는 자보다 더 크십니다.

3 모든 의로운 사람은 죄를 저지르지 않습니다.

4 하나님이 자신의 하나뿐인 아들을 세상에 보내셨습니다.

5 그분이 많은 사람들을 고쳐주셨다. 그래서 (그들이) 그분 앞에 엎드렸다.

6 하나님은 우리의 마음보다 크십니다. 그리고 모든 것을 알고 계십니다.

7 그들은 사도들이 아니다. 그리고 너는 그들이 거짓말쟁이라는 것을 찾아냈다.

8 그들은 그에게 말한다. "모두가 당신을 찾고 있습니다."

9 너의 나중 일들이 처음 것들보다 더 많다. (참고 be 동사가 생략된 명사 문장이다.)

10 목숨이 음식보다, 몸이 의복보다 더 크지 않느냐? (**참고** '우키'는 긍정의 대답을 기대하는 의문문을 이끄는 단어이다.)

11 당신은 당신 자신에 대해 증언하고 있습니다. 당신의 증언은 참되지 않습니다.

12 저 시간에 제자들이 예수님께 다가와서 말씀드렸다. "그러면 하늘나라에서는 누가 더 큽니까?" (**참고** 비교급이 비교 대상을 나타내는 속격 없이 절대적 용법으로 쓰이는 경우도 있다.)

13 그의 어머니는 자기 마음속에 모든 말들을 간직해 두었다.

14 아무도 요한보다 크지 않습니다. 그러나 하나님의 나라에서는 아주 작은 사람이라도 그 사람(=요한)보다 더 큽니다.

15 그대는 이것들보다 더 큰 일들을 할 것이다.

16 한편 나는 요한보다 더 큰 증거를 가지고 있다.

17 저 도시에 큰 기쁨이 생겨났다.

13　능동태 분사

1 사랑하지 않는 사람은 하나님을 알지 못합니다. 하나님은 사랑이시기 때문입니다.

2 아들이 있는 사람에게는 생명이 있습니다. 하나님의 아들이 없는 사람에게는 생명이 없습니다.

3 그분 안에 머무는 사람은 죄를 짓지 않습니다.

4 사랑 안에 머무는 사람은 하나님 안에 머무릅니다. 그리고 하나님이 그 사람 안에 머무십니다.

5 아들을 인정하는 사람에게는 아버지도 계십니다.

6 자기 형제자매를 미워하는 사람은 어둠 가운데 있습니다. (**참고** '아델포스'는 문자적으로 '형제'를 가리키지만, 내용적으로 '형제자매' 모두를 뜻하기 때문에, 최근 역본에서는 '형제자매'로 번역하는 경향이 있다.)

7 내 아버지의 뜻을 행동에 옮기는 사람은 하늘나라에 들어갈 겁니다.

8 죄를 저지르는 사람은 불법도 저지르는 겁니다. 죄는 불법입니다.

9 더러운 영들이, 그를 보았을 때, 그 앞에 엎드렸다. 그리고 "당신은 하나님의 아들이십니다." 하고 말하면서 외쳤다.

10 그의 계명들을 지키는 사람은 그분 안에 머무릅니다.

11 예수님이 그 관리의 집으로 들어가셨다. 그리고 피리 부는 사람들을 또 무리가 수선을 피우는 것을 보시고는 말씀하셨다. "그 소녀는 죽은 것이 아니라 자고 있습니다."

12 그의 아버지와 어머니는 놀라워하고 있었다.

13 세상을 이긴 이김은 이것입니다. 곧 우리의 믿음입니다.

14 아들이 있는 사람에게는 생명이 있습니다. 하나님의 아들이 없는 사람에게는 생명이 없습니다.

15 예수님이 들으시고는 그들에게 말씀하신다. "의사를 필요로 하는 것은 건강한 사람들이 아니라 아픈 사람들입니다." (참고 '에코' 동사가 부사 '카코스'와 함께 쓰일 때, '나쁜 상태에 있다'는 뜻이 되어, '아프다'는 의미로 옮길 수 있다.)

16 하나님은 사랑이십니다. 그리고 사랑 안에 머무는 사람은 하나님 안에 머물고, 하나님도 그 사랑 안에 머무십니다.

17 죄를 저지르는 사람은 마귀에게 속해 있습니다. 처음부터 마귀는 죄를 짓고 있기 때문입니다.

18 선생님, 제가 제 아들을 당신께 데려왔습니다. (제 아들은) 말 못하는 영에 붙잡혀 있습니다.
(참고 원래 분사 '에콘타'는 '휘온'과 관계된 분사인데, 우리말로 옮길 때는 자연스럽게 예시문과 같이 옮겨볼 수도 있다.)

---

14 관계대명사, 의문사, 부정대명사

1 진리 안에서 내가 사랑하는 자녀들에게 써 보냅니다.

2 사랑하는 분들이여, 내가 여러분에게 써 보내는 것은 새 계명이 아니라 오래된 계명입니다. 여러분이 처음부터 가지고 있던 것입니다.

3 오래된(=옛) 계명은 여러분이 들은 그 말씀입니다.

4 예수님을 인정하지 않는 영은 모두 하나님께 속해 있지 않습니다.

5 예수님이 그리스도이신 것을 부인하는 사람 말고 누가 거짓말쟁이입니까? 이 사람은 적그리스도요, 아버지와 아들을 부인하는 사람입니다.

6 누군가 세상을 사랑하면 아버지의 사랑이 그 사람 안에 없는 겁니다.

7 하나님을 아는 사람은 우리의 말을 듣습니다. 하나님께 속하지 않는 사람은 우리의 말을 듣지 않습니다. 이로부터 우리는 진리의 영과 미혹의 영을 알아차립니다.

8 죄를 저지르는 사람은 모두 불법도 저지르는 겁니다. 죄는 불법입니다.

9 이로써, 우리는, 그가 우리 가운데 머무시는 것을 알아차립니다. 곧 그가 우리에게 보내신 성령에 기초해서요.

10 예수님과 그의 제자들이 필립의 카이사레아 마을들로 나가셨다. 그리고 가는 길에 예수님이 제자들에게 물으셨다. 그러면서 그들에게 말씀하셨다. "사람들이 나를 누구라고 말합니까?"

11 누가 나의 이웃입니까?

12 어떤 율법학자가 말합니다. "선생님, 무엇을 하여야 내가 영원한 생명을 상속으로 물려받겠습니까?"

13 하나님이 우리 가운데 가지고 계신 사랑을 우리는 믿었습니다.

14 성령이 교회들에게 무엇을 말합니까?

15 집에세 내가 물어보았다. "여러분은 길에서 무슨 얘기를 했습니까?"

동사의 중간태, 수동태, 디포넌트 동사

1 그리고 나병환자가 그에게로 온다.

2 그는 여기에 계시지 않아요. 그는 죽은 사람들 가운데서 일으킴 받으셨어요(=살아나셨어요.)

3 하늘 아래에, 그 이름으로 우리가 구원받아야 하는, 다른 이름도 없습니다.

4 예수님이 오셔서 요르단 강에서 요한에게 세례를 받으셨다.

5 무리들을 보시고, 그가 그들에 대해 가슴 아려하셨다.

6 예수님이 그를(=귀신을) 꾸짖으셨다. 그러자 귀신이 그에게서 나왔다. 그리고 그 시간부터 그 아니는 나음을 입었다.

7 태양이 어두워질 것이고, 하늘에 있는 능력들이 흔들릴 것이다.

8 성소의 휘장이 위에서부터 아래까지 둘로 찢어졌다.

9 그가 외진 곳으로 가셨다. 그리고 무리들이 그를 찾고 있었다.

10 갈릴리로부터는 예언자가 일으킴 받지 않는다(=일어나지 않는다.)

11 어떻게 죄인인 사람이 표적을 행할 수 있습니까?

12 얘는(=this) 우리의 아들이고 시각장애인으로 태어났습니다.

13 그 사람이 대답하여 그들에게 말했다.

14 그가 그들을 가르치기 시작하셨다. 인자가 고난을 겪어야만 한다고.

15 어둠이 땅 위에 내렸다(=생겼다).

16 이로써 하나님의 사랑이 우리 가운데서 드러났다.

17 나는 그것을 사람한테서 전해 받지도 않았고, 배우지도 않았습니다. 오히려 예수 그리스도의 계시를 통해서 (입니다.)

18 세례자 요한이 광야에 있었다. 죄 사함을 위한 회개의 세례를 선포하면서.

19 세상은 지나갑니다. 그 정욕도요. 그러나 하나님의 뜻을 행하는(=행동에 옮기는) 사람은 영원히 남습니다.

20 하나님의 말씀이 광야에서 사가라의 아들 요한 위에 임했다.

중간태/수동태 분사

1 오는 사람들과 가는 사람들이(=오고 가는 사람이) 많았기 때문이다.

2 그의 아버지와 어머니는 그에 대해 말해진 것들에 놀라워하고 있었다.

3 두려움이 사랑 안에는 없습니다. 오히려 완전한 사랑은 두려움을 밖으로 내어 쫓습니다. 두려워하는 사람은 사랑 안에서 완전해지지 않은 겁니다.

4 그들이 그를 골고다라 하는 장소로 데려간다. 골고다는 번역하면 '해골의 장소'라는 뜻이다.

5 지나가는 사람들이 자기들의 머리를 흔들면서 그를 모독했다.

6 빌라도가 백부장을 불러서 그에게 물어보았다. 그가(=예수님이) 이미 돌아가셨는지를.

7 천사가 그녀에게 대답하여 말했다. "성령이 그대 위로 (내려) 오실 겁니다. 그리고 지극히 높으신 분의 능력이 그대를 덮을 겁니다. 따라서 태어나는 것(=아기도) 거룩하고 하나님의 아들이라 불릴 겁니다."

8 그의 어머니가 대답하여 말했다. "아닙니다. 그는 요한이라고 불릴 겁니다."

9 그 아이가 자라났고, 지혜가 충만해지면서 강해졌다.

10 그가 나사렛으로 왔고, 그들에게(=부모에게) 순종했다. 그리고 그의 어머니는 모든 말을 자기 마음속에 간직해 두었다.

17 동사의 가정법

1 내가 심판을 한다고 해도, 나의 심판은 참되다.

2 무리들이 그에게 물어 말했다. "그러면 우리가 무엇을 해야겠습니까?"

3 사랑하는 분들이여, 우리가 서로 사랑합시다. 사랑은 하나님께 속한 것이기 때문입니다.

4 하나님이 하나뿐인 자신의 아들을 세상에 보내셔서 그를 통하여 우리가 생명을 얻도록 하셨습니다.

5 누군가 세상을 사랑하면, 아버지의 사랑이 그 사람 안에는 없습니다.

6 그가(=예수님이) 그들에게 말씀하신다. "다른 곳으로 갑시다."

7 우리가 서로 사랑하면, 하나님이 우리 가운데 머무십니다.

8 우리는 우리가 하나님의 자녀들을 사랑한다는 것을 압니다. 우리가 하나님을 사랑하고, 그분의 계명들을 행동으로 옮길 때에요.

9 어떤 나병환자가 그에게로 온다. 그리고 그에게 말한다. "당신이 원하시면, 나를 깨끗하게 해 주실 수 있습니다."

10 왜냐하면 하나님이 아들을 세상에 보내신 것은 세상을 심판하시기 위한 것이 아니라 세상이 그를(=아들을) 통해 구원받도록 하시기 위함이기 때문입니다.

11 우리가 무엇을 달라고 하든지 우리는 그로부터 받습니다.

12 하나님의 아들이 드러나셨습니다. 마귀의 일을 없애시기 위해서입니다.

13 이 아이들 가운데 하나를 나의 이름으로 맞아들이는 사람은 누구든 나를 맞아들이는 것이다.

18 동사의 현재완료, 동사의 6가지 기본형

1 따님, 그대의 믿음이 그대를 구원했어요. 평안히 가세요.

2 나는 이 날까지 모든 선한 양심을 가지고 (시민으로) 살아왔습니다.

3 여러분은 하나님께 속한 사람들입니다. 자녀 여러분, 여러분은 그들을 이겼습니다. 여러분 안에 계신 분이 세상에 있는 자보다 크시기 때문입니다.

4 사랑하는 분들이여, 우리가 서로 사랑합시다. 사랑은 하나님께 속한 것이기 때문입니다. 사랑하는 사람 은 모두 하나님에게서 태어났고, 하나님을 압니다.

5 이로써 하나님의 사랑이 우리 가운데 알려졌습니다. 곧 하나님이 하나뿐인 자신의 아들을 세상에 보내 셔서 그를 통하여 우리가 생명을 얻도록 하신 것으로요.

6 우리가 하나님을 사랑한 것이 아니라, 그분 자신이 우리를 사랑하셨습니다.

7 여태껏 누구도 하나님을 본 적이 없습니다. 우리가 서로 사랑하면, 하나님이 우리 가운데 머무십니다. 그리고 그분의 사랑이 우리 가운데서 완전하여진 겁니다.

8 우리야말로 알고 믿었습니다. 하나님이 우리 가운데 가지신 그 사랑을요.

9 하나님에게서 태어난 모든 것은 세상을 이깁니다. 그리고 세상을 이긴 이김은 이것입니다. 곧 우리의 믿음입니다.

10 여러분은 그가 온다는 것을 들었습니다. 그리고 이제 그가 세상에 이미 (와) 있습니다.

11 이것으로 여러분은 하나님의 영을 알아차립니다. 예수 그리스도께서 육체로 오신 것을 인정하는 영은 모두 하나님께 속해 있습니다.

12 하나님에게서 태어난 사람은 모두 죄를 저지르지 않습니다. 그분의 씨가 그 사람 안에 머무르기 때문입 니다.

13 그는 죄를 지을 수 없습니다. 왜냐하면 그가 하나님에게서 태어났기 때문입니다.

14 나는 율법을 통해 율법에 대해 죽었습니다. 내가 하나님을 위해 살기 위해서입니다. 나는 그리스도와 함께 십자가에 매달렸습니다.

15 율법에 뭐라고 기록되어 있나요? 당신은 (그것을) 어떻게 읽고 있나요?

16 완전한 사랑은 두려움을 밖으로 내어 쫓습니다. 두려워하는 사람은 사랑 안에서 완전하여지지 않았습 니다.

19 동사의 명령형

1 그러므로 여러분은 이렇게 기도하세요.
하늘에 계신 우리 아버지,
당신의 이름이 거룩히 여김을 받게 해 주세요.
당신의 나라가 오게 해 주세요.
당신의 뜻이 이루어지게 해 주세요.
하늘에서처럼 땅에서도. (참고 3인칭 명령형은 번역이 조금 까다롭ㄴ다. 우리말로는 "~하게 해 주세요."~하기 바랍니다."~해야 합니다." 등으로 번역해 볼 수 있다.)

2 마른 손을 가진 사람에게 그가(=예수님이) 말씀하신다. "일어나 가운데로 (서세요.)"

3 바깥에 있는 사람들(=외인들)을 대하여 지혜롭게 처신하세요(behave).

4 나 바울의 손으로 (쓴) 인사입니다.
(여러분은) 나의 갇힌 것을 기억하세요. 은혜가 여러분과 함께하기를!

5 세상이나 세상에 있는 것들을 사랑하지 마세요.

6 베드로가 말했다. 은과 금은 나에게 없습니다. 그러나 내가 가진 것, 이것을 당신에게 드립니다. 나사렛 예수 그리스도의 이름으로 일어나세요. 그리고 걸어 보세요.

7 이처럼 여러분의 빛이 사람들 앞에서 비취게 해야 합니다. 그리하여 여러분의 선한 행실을 사람들이 보고 하늘에 계신 여러분의 아버지께 영광을 돌리게 (해야 합니다.)

8 어떤 사람이 여러분에게 오는데 이 가르침을 가져오지 않으면, 그를 집 안으로 받아들이지 마세요. 그에게 '안녕'하고 (인사말을) 말하지도 마세요. (참고 '카이레인'은 '안녕'에 해당하는 인사말이다.)

9 귀 있는 사람은, 성령이 교회들에게 무엇을 말씀하시는지 들어야 합니다.

10 주님이 종한테 말씀하셨다. "길들로 나가거라. 그리고 억지로라도 오게 해라. 그리하여 나의 집이 가득 차도록 (해라.) [참고 뒤에 나오는 '히나' 절은 목적으로 옮길 수도 있고, 결과절로 옮길 수도 있다.]

11 그 아이의 아버지가 말했다. "제가 믿습니다. 저의 믿음 없는 것을 도와주세요." (참고 ① 미완료 시제 를 단순과거와 구분하여 번역하는 것이 우리말로는 쉽지 않다. 보통 '말하다' 동사의 경우에는 동사의 특성상 말의 내용이 완결되어야 그 행위가 종료된다고 볼 수도 있기 때문에 미완료로 표현하는 경우들 도 많다. ② '보에쎄오' 동사는 여격 목적어를 취한다.)

12 (여러분은) 먼저 하나님의 나라와 그분의 의를 찾으세요.

13 그리스도의 평화가 여러분의 마음속에서 (심판으로, umpire) 다스리게 하세요. 그 평화를 위해 여러분 도 한 몸 안에서 부르심을 받았습니다.

14 그리스도의 말씀이 여러분 가운데 거하게 해야 합니다.

15 놀라지 마세요. 형제자매 여러분, 세상이 여러분을 미워한다고 하더라도. (참고 '아델포이'는 형제를 뜻 하지만, 내용상 '형제자매'를 모두 염두에 둔 표현이므로 최근 성경번역에서는 양성평등 언어인 '형제자 매'로 번역하는 경향이 있다.)

16 세례를 받아 그대의 죄 씻음을 받으세요. 그분의 이름을 부르고서요.

---

20 **몇 가지 중요한 동사 변화**(οἶδα, δίδωμι, τίθημι, ἵστημι, ἔγνων, ἀφίημι)

1 영원한 생명을 하나님이 우리에게 주셨다.

2 너희에게 하늘로부터 빵을 준 것은 모세가 아니다.

3 오히려(=그러나) 나의 아버지께서 너희에게 하늘로부터 참된 빵을 주신다.

3 너희 안에 계신 분이 세상에 있는 이보다 크시다.

4 너희 안에 계신 분이 세상에 있는 이보다 크시다.

5 나는 알고 있다. 너의(=네가 한) 일과 수고와 인내를.

6 이처럼 하나님이 세상을 사랑하셨습니다. 그래서 하나뿐인 아들을 주셨습니다. 그를 믿는 사람마다 멸망하지 않고 영생을 얻게 하시려는 것입니다. (**참고** '가르'는 'for'의 의미인데, 우리말로 옮길 때는 경우에 따라서 생략할 수도 있다.)

7 내가 그녀에게 회개할 시간을 주었다. 그런데 그녀가 자기의 음란한 짓으로부터 회개하기를 원하지 않는다.

8 내가 그에게 민족들 위에서 (다스릴) 권한을 줄 것이다. (**참고** 괄호 안에 있는 말은 헬라어상에는 없으나 의미의 자연스러움을 위해 추가한 것이다.)

9 그들이 그들을 데려가서 산헤드린에 세웠다. (**참고** 주어에 있는 '그들'과 목적어로 번역된 '그들'은 서로 다른 사람이다.)

10 아이를 받아들여 그(=아이)를 그들 한가운데 세웠다.

11 어떤 율법학자가 일어서서(→ 본동사), 그를 시험하며(→ 분사) 말했다(→ 분사). "선생님, 제가 무엇을 해야(→ 분사) 영원한 생명을 상속받겠습니까?" (**참고** 문법적으로는 괄호 안에 표시한 대로이지만, 우리말의 자연스러움과 어순을 고려해서 번역문을 제시했다.)

12 사랑하지 않는 사람은 하나님을 알지 못했다. 하나님은 사랑이시기 때문이다.

13 우리는 압니다. 우리가 사망에서 생명으로 옮겨가 있다는 것을요. 왜냐하면 우리는 형제자매들을 사랑하기 때문입니다. (**참고** '아델푸스'는 원래 '형제들'을 뜻하지만, 내용상 자매까지 포함하는 것으로 이해해야 하기 때문에, 형제자매들로 옮겨 보았다.)

14 우리는 알고 믿었다. 하나님이 우리 가운데 가지고 계신 사랑을.

15 우리 서로 사랑합시다. 그분이 우리에게 계명을 주신 것처럼요.

16 나는 선한 목자이다. 선한 목자는 자기 목숨을 양들을 위해 내려놓는다. (**참고** 원래 '티쎄미'는 '놓다, 두다'를 뜻하는데, 문맥상 '내려놓다'로 옮겼다.)

17 그가(=예수님이) 그녀에게 다가가서 그 손을 잡아 일으키셨다. 그러자 열병이 그녀를 떠났다. 그리고 그녀가 그들을 섬겼다. (**참고** '크라테오(잡다)' 동사는 속격 목적어를 취한다.)

18 우리에게 우물을 주신 우리 조상 야곱보다 네가 더 크냐? (**참고** 첫 단어 '메'는 부정의 대답을 기대하는 의문문을 이끄는 단어이다.)

---

21 **속격 독립 분사 구문과 부정사의 주어 역할을 하는 대격**

1 나는 그들이 죄 용서 받기를 원한다.

2 예수님이 자기 둘레의 무리를 보시고, 건너편으로 떠나가라고 명령하셨다.

3 그가 성령을 통해 말했다. 사람 사는 온 땅에 큰 기근이 있을 것이라고.

4 너희는 (이렇게) 말해라. "우리는 쓸모없는 종입니다. 우리가 해야 하는 일을 했습니다." (참고 '레게케' 는 현재 직설법도 되고, 명령형도 된다. 눅 17:10절에서 가져온 예문이기 때문에 문맥을 따라 번역문을 제시했다.)

5 많은 환난을 거쳐서 우리는 하나님의 나라에 들어가야만 합니다.

6 그가(=예수님이) 그들에게 이것들을 말씀하고 계실 때, 한 관리가 와서 그에게 엎드려 절했다. 그러면 서 (이렇게) 말했다. "나의 딸이 방금 죽었습니다.(=삶을 마쳤습니다.)"

7 그들이 주님을 섬겨 금식할 때에, 성령님이 말씀하셨다.

8 귀신이 나가자, 언어장애인이 말해다. 그러자 무리들이 놀라워했다.

9 그가 배에서 내리자, 곧바로 더러운 영에 (붙들린) 어떤 사람이 그에게 마주쳐왔다.

10 제6시가 되었을 때, 어두움이 온 땅에 내려서 제9시까지 (계속 되었다.)

11 그가 예루살렘으로 들어가셨을 때 온 도시가 술렁거렸다(=흔들렸다.) 그러면서 말했다. "이 사람은 누 군가?" (참고 현재분사는 주동사와 농시에 일어나는 동작을 가리키고, 단순과기 분시는 주동사보다 먼 저 일어난 일을 가리킨다고 불 수 있다.)

12 우리가 모두 땅에 쓰러졌을 때, 히브리말로 나한테 (이렇게) 말하는 목소리를 그들이 들었다. "사울아, 사울아, 너는 왜 나를 핍박하느냐?"

13 그들이 길을 가고 있을 때, 어떤 사람이 그에게(=예수님에게) 말했다. "제가 당신을 따라 가겠습니다. 당신이 어디로 가시든지." (참고 '관계사+에안'은 복합관계사와 같은 뜻으로 번역하면 된다.)

14 ① 두 분은 알지 못하셨나요? ② 내가 내 아버지의 집에 있어야만 하는 것을요? (참고 ①에서 동사는 2인칭 복수형인데, 여기서 가리키는 대상은 어린 예수님의 부모이다. ②에서 '내 아버지의'라는 속격 앞 에 '토이스'라는 중성복수 여격 관사가 있다. 속격 명사 앞에 관사가 붙어서 독립용법으로 쓰이기도 한 다. 그래서 '내 아버지의 것들'로 직역할 수 있는데, 문맥상 성전을 가리키므로 '내 아버지의 집'으로 옮 길 수 있다. 또는 '토이스'를 남성으로 보면, '내 아버지의 사람들 사이에'라고 옮겨볼 수도 있다.)

---

22 **부정사의 격 표시, 속격/여격/대격의 다른 쓰임새, 그 밖에 기억할 문법 사항들**

1 빌립에 의해 말해진 것들에 무리들이 주의를 기울였다. 빌립이 행하고 있던 표적들을 듣고 보았을 때.

2 도대체 누가 물을 막을 수 있는가? 우리 자신과 마찬가지로 성령을 받은 이 사람들이 세례를 받지 못하 도록. (참고 '메티'도 부정의 대답을 기대하는 의문문을 이끄는 단어이다.)

3 원함은 나에게 있다. 그런데 선을 이루어내는 것은 없다.

4 예언하기를 간절히 바라라. (참고 문법적으로는 명령형과 직설법이 다 가능하다.)

5 예수님이 그들에게 말씀하신다. 안식일에 허용되는 일이 섡을 행하는 것인가요, 악을 행하는 것인가 요? 목숨을 구원하는 것인가요, 죽이는 것인가요? 그러자 그들은 침묵했다.

6 그는 모든 사람 앞에서 이렇게 말하며 부인했다. "당신이 무슨 말을 하는지 나는 알지 못합니다."

7 그가(=나사로가) 아프다는 말을 그가(=예수님이) 들었을 때, 그때 그가(=예수님이) 계셨던 곳에 이틀을 머무셨다. (참고 '운'은 원래 '그러므로'를 뜻하는 단어인데, 앞의 내용이 없기 때문에, 여기서는 번역에 반영하지 않았다. 때로는 논리적 연관 관계를 강하게 나타내지 않고, 연결사로 쓰이는 경우도 있다.)

8 그가 3일 동안 보지도 못하고 있었다. 그리고 먹지도 않았고 마시지도 않았다.

9 그가(=예수님이) 다른 두 형제를, 곧 세베대의 아들 야고보와 그의 형제 요한을 보셨다.

10 여러분 가운데 누구에게도 짐을 지우지 않으려고, 우리는 낮과 밤으로 일을 하면서 여러분에게 하나님의 복음을 선포했습니다.

11 이 밤에 너의 목숨을 너에게서 하나님이 되찾을 것이다. (참고 문법적으로는 현재이지만 때때로 문맥상 미래로 번역하는 것이 자연스러울 때가 있다.)

12 너희가 처음부터 들은 약속이 이것이다. 곧 서로 사랑하는 것이다.